6,833

CONTREDITS

DE PRODUCTION NOUVELLE

Pour **ROBERT DE GODEHEU**, Ecuyer Secretaire du Roy, Payeur des Rentes du Clergé de France, Défendeur & Demandeur.

Contre Dame PETRONILLE DE FRIES, *Veuve de* CLAUDE TRIBOULLEAU, *aussi Ecuyer Secretaire du Roy, Demanderesse & Défenderesse.*

AVERTISSEMENT.

DANS une affaire de l'importance dont est celle cy pour le sieur de Godeheu (puisqu'elle est d'interest & d'honneur tout ensemble) il a crû ne devoir rien negliger de ce qui pourroit contribuer à instruire la religion des Juges.

C'est dans cette vûë qu'il a fait imprimer ses Contredits contre la Production faite sous le nom de la Dame Triboulleau, dont la principale piece est l'Enqueste faite en vertu de la Sentence du 16 Avril dernier.

Mais comme l'étenduë que l'on a esté obligé de donner à ces Contredits, pourroit ennuyer, ou peut-estre rebuter les Lecteurs, qu'en tout cas elle ne permet pas de les lire tout d'une suite, on a crû rendre cette lecture plus facile en donnant moyen de la diviser.

Et pour cela on a fait deux Tables differentes.

L'une qui sera mise au commencement, est des Faits dont la preuve a esté admise par la Sentence, où l'on indiquera les pages dans lesquelles on a refuté les Faits, & contredit les preuves de l'Enqueste.

L'autre qui se trouvera à la fin contient les noms des Témoins de l'Enqueste de la Dame Triboulleau, avec l'indication des endroits dans lesquels on a refuté leurs dépositions sur les differens Faits de l'Enqueste, tant par des reproches pertinents contre leurs personnes, que par l'établissement des preuves par écrit qui détruisent leurs dépositions, & enfin par les contradictions dans lesquelles ils sont tombez.

TABLE DES FAITS ADMIS PAR LA SENTENCE.

I. FAIT, *que c'est le sieur de Godeheu qui a dressé & dicté toutes les quittances, & les a fait signer par la Dame Triboulleau, sans luy en faire, ny laisser faire la lecture.*

Absurdité de ce fait, qui n'a pas dû estre proposé, page 1.

Le fait détruit par des preuves par écrit, p. 2.

Réfutation des dépositions, p 2. 3. 4. & 5.

II. FAIT, *que le sieur de Godeheu a reçû tous les revenus de la Dame Triboulleau, depuis la mort de son mary, arrivée en l'année 1706.*

III. FAIT, *que le sieur de Godeheu a défendu aux Commis qui estoient chez la Dame Triboulleau, lors du decés de son mary, de remettre l'argent qu'ils recevoient pour elle, à d'autres qu'à luy-même, sous peine d'estre chassez, & qu'en effet ces Commis luy ont toûjours remis ce qu'ils ont reçû, qu'il en a mis hors de la maison de la Dame Triboulleau, pour luy avoir remis quelques deniers.*

Que les deux faits (qui sont joints dans la Requeste de la Dame Triboulleau) sont contraires aux preuves par écrit, p. 5.

Réfutation des dépositions contenuës dans l'Enqueste sur les deux faits, p. 6. & suivantes jusqu'à la 20.

IV. FAIT, *que le sieur de Godeheu a vendu & reçû le prix de partie des meubles de la Dame Triboulleau, & s'en est approprié une autre partie.*

Que ce fait n'a pas dû estre proposé, p. 20.

Contredits de l'Enqueste sur ce fait, p. 21. 22. & 23.

V. FAIT, *que le sieur de Godeheu a brûlé un nombre considerable de papiers, parmy lesquels il y avoit des Registres, & ce dans la maison de la Dame Triboulleau, peu de jours après sa sortie.*

Que ce fait est inutile & indifferent par raport à la contestation presente, p. 23.

Réfutation des dépositions de l'Enqueste sur ce fait, p. 24.

VI. FAIT, *que le sieur de Godeheu a éxigé du sieur Gaultier un pôt de vin de la somme de 500 liv. pour luy faciliter la cession du bail de la maison, où la Dame Triboulleau demeuroit.*

Inutilité du fait, p. 25.

Réfutation des témoins, même page & p. 26.

VII. FAIT, *que le sieur de Godeheu a fait toute la dépense de la maison, tant de bouche qu'autre, depuis le decès du sieur Triboulleau jusqu'au temps que la Dame Triboulleau a esté demeurer chez luy.*

VIII. FAIT, *qu'il a compté avec tous les Marchands & autres, qui ont fourni les habits & linges de la Dame Triboulleau, & les a payez.*

IX. FAIT, *que depuis la demeure de la Dame Triboulleau chez le sieur de Godeheu, il a continué de faire la dépense, tant pour l'entretien de son carosse & de ses chevaux, que pour le payement des gages de ses domestiques, & de quelques arrerages de rente qu'elle pouvoit devoir.*

Que les trois faits (qui sont joints dans la Requeste de production de la Dame Triboulleau) quand même ils seroient prouvez, ne produiroient pas la conséquence qu'on a prétendu en tirer, p. 26. & 27.

Que ces mêmes faits sont détruits par des pieces, la plûpart produites par la Dame Triboulleau même, p. 28. 29. & suivantes, jusques & compris la 34.

Que le neuviéme fait en particulier se trouve invinciblement détruit par des preuves par écrit du propre fait de la Dame Triboulleau, p. 34. 35. & suivantes.

Entre autres par un Registre concernant les domestiques, quoyqu'alteré en differens endroits, p. 38. 39 & 40.

Examen de l'Enqueste sur les trois faits, pages 41. & suivantes, jusques & compris la 49.

X. FAIT, *que le sieur de Godeheu a receu tous les remboursemens des rentes qui ont esté faits volontairement, & de toutes les autres sommes éxigibles, qui ont esté payées.*

XI. FAIT, *que le sieur de Godeheu a sollicité au nom de la Dame Triboulleau sans sa participation, & sous des prétextes supposez les débiteurs des Contrats de constitution à rembourser, & a même necessité plusieurs d'entre eux à ces remboursemens par ses importunitez & mouvemens, qu'il a même offert à quelques-uns d'eux de leur fournir les deniers necessaires pour parvenir à ces remboursemens.*

Inutilité de ces deux faits (joints ensemble par la Requeste de la Dame Triboulleau) par raport à sa demande d'un compte de ses biens, p. 49.

Détail des remboursemens faits à la Dame Triboulleau, & preuves par écrit, que c'est elle même qui les a touchez, conjointement avec ses enfans du second lit, p. 49. & suivantes, jusques & compris la 62.

Contredits des dépositions de l'Enqueste sur ce qui concerne en general les remboursemens, p. 62. 63. & 64.

XII. FAIT, *qu'au temps de la sortie de la Dame Triboulleau de chez le sieur de Godeheu, & depuis il a pressé quelques payeurs, même en leurs bureaux, d'avancer le payement des rentes dûës à la Dame Triboulleau.*

Que ce fait est inutile & indifferent par luy-même, p. 64. & 65.

Examen des dépositions de l'Enqueste sur ce fait, p. 66. & 67.

XIII. FAIT, *que lors des remboursemens faits le 27 Novembre 1708, la Dame Triboulleau estoit à l'extremité.*

Inutilité du fait par raport à l'objet de la contestation, p. 67.

La fausseté de ce fait prouvée par écrit, là même.

Et par la déposition même de quelques-uns des témoins, p. 67. & 68.

XIV. FAIT, *que c'est le sieur de Godeheu seul, & sans la participation de la Dame Triboulleau, qui a negocié & consommé la prétenduë acquisition des taxations, & des rentes sur la Ville qui paroissent avoir esté par elle acquises.*

Le fait inutile par luy-même, p. 70.

Détruit par écrit, p. 70. & 71.

Contredits des témoins, sur ce fait, p. 71. & 72.

XV. ET DERNIER FAIT, *que c'est le sieur de Godeheu qui a emporté & fait emporter la Vaisselle d'argent, & plusieurs meubles de jour & de nuit dans le temps de la grande maladie de la Dame Triboulleau en 1709, qu'il en a emporté partie chez luy, partie chez des Orfévres & ailleurs.*

Le fait détruit par un acte par écrit, sçavoir le Codicile de la Dame Triboulleau, produit par elle-même, p. 73.

Contredits des dépositions de l'Enqueste sur ce fait, p. 74. & suivantes, jusques & compris la 77.

Faits & pieces *qui establissent que la Dame Triboulleau a eu depuis son veuvage l'entiere administration de ses biens,* p. 78. & suivantes jusques à la fin.

CONTREDITS
DE PRODUCTION NOUVELLE

Que met pardevant vous, NOSSEIGNEURS DES REQUESTES DU PALAIS, Robert de Godeheu, Ecuyer Secretaire du Roy, Payeur des Rentes du Clergé de France, Défendeur & Demandeur.

Contre Dame Petronille de Friés, veuve de Claude Triboulleau aussi Ecuyer Secretaire du Roy, Demanderesse & Défenderesse.

En execution de la Sentence du cinq Septembre 1713, par laquelle les parties ont esté appointées en droit.

Aux protestations du sieur de Godeheu de n'entendre aucunement déroger, ny préjudicier à son appel de la Sentence, dattée du 16. Avril dernier.

A ce qu'il plaise à la Cour, sans avoir égard aux pieces produites par la Dame Triboulleau, par sa Requeste du 22 Juillet 1715, adjuger au sieur de Godeheu les conclusions par luy prises en l'Instance avec dépens.

A principale piece produite par la Requeste de la Dame Triboulleau ; est l'Enquête qu'elle a fait faire, en execution de la Sentence du 16 Avril dernier sur les Faits, dont la preuve a esté admise par cette Sentence.

Le sieur de Godeheu a soutenu que cette preuve n'avoit pas dû estre admise, suivant la disposition des Ordonnances ; c'est ce qui fait le motif de son appel, sur lequel les Parties ont conclu au Parlement ; mais comme après l'Arrest du 21 May 1715 qui a joint sa Requeste, à fin de défenses à l'appel, la Sentence s'execute par provision, il est obligé de proposer ses contredits contre les preuves que la Dame Triboulleau prétend pouvoir tirer de l'Enqueste qu'elle a faite.

Pour le faire avec plus d'ordre, il examinera icy chacun des Faits, sur lesquels la Dame Triboulleau a fait entendre des témoins, en execution de la Sentence qui en admet la preuve ; il expliquera sur chaque Fait ou leur inutilité par raport aux Chefs de la contestation, ou les preuves par écrit qui les détruisent ; il combattra la déposition des témoins que l'on a fait entendre sur chacun de ces Faits, & par la qualité de ces témoins qui les rend absolument reprochables, & par les contradictions dans lesquelles ils sont tombez.

PREMIER FAIT.

Que c'est le sieur de Godeheu qui a dressé & dicté toutes les quittances, & les a fait signer à la Dame Triboulleau sans luy en faire, ny laisser faire la lecture.

On ne peut s'empêcher d'observer d'abord sur ce Fait, qu'il y a lieu d'estre surpris que ceux qui agissent sous le nom de la Dame Triboulleau se soient avisez de le proposer : quelle idée prétendent-ils donner de la Dame Triboulleau, lorsqu'ils alleguent qu'on luy a fait signer des quittances sans les lire, ou sans luy en laisser faire la lecture ; veulent-ils la faire passer pour imbecile, & incapable de prendre aucune connoissance de ses affaires ? elle n'est point constamment dans cet estat, au contraire elle a toûjours conservé, & conserve encore toute la presence d'esprit necessaire pour regir

A

ſes biens ; il eſt donc ſans apparence qu'elle ait pû ſe laiſſer induire à ſigner, non pas quelques quittances, mais ſuivant le fait articulé de ſa part, toutes les quittances ſans les lire, ou s'en faire faire la lecture.

Mais ce fait devient - ſur tout deſtitué de toute vray-ſemblance, lorſqu'on le joint avec les autres faits alleguez par la Dame Triboulleau, & qui ſemblent faire l'objet de ſes plaintes & de ſes demandes.

Suivant ces autres faits le ſieur de Godeheu a tellement abuſé de la confiance que la Dame Triboulleau avoit en luy, qu'il a ſeul touché tous ſes revenus, & profité de tous les rembourſemens qui luy ont eſté faits depuis le jour qu'elle eſt devenuë veuve ; (c'eſt à dire depuis le 3 Juillet 1706, juſqu'à ce qu'elle ſoit ſortie de ſa maiſon en Fevrier 1713,) que dans tout cet intervalle de prés de ſix années on ne luy a point vû d'argent, ſi ce n'eſt quelques petites ſommes que le ſieur de Godeheu luy donnoit ; (car c'eſt ainſi qu'on a fait parler quelques-uns de ſes témoins ;) or qui croira que la Dame Triboulleau dans cet eſtat, qui ſelon elle approchoit de la mendicité, ſe fut laiſſée aller à ſigner toûjours tout ce qu'on luy preſentoit, ſans en prendre aucune lecture, ſans entrer dans aucune connoiſſance des engagemens qu'on luy faiſoit contracter.

Une ſeconde obſervation eſt que le fait dont il s'agit, ſe trouve détruit par des actes par ecrit : premierement, la ſignature des quittances par la Dame Triboulleau, eſt par elle meſme une preuve contraire au Fait admis ; parce que toutes les perſonnes majeures & non interdites, qui ſignent un acte, ſont preſumées de droit avoir une connoiſſance entiere de ce qu'il contient.

En ſecond lieu, parce qu'il s'eſt trouvé ſous le ſcellé de la Dame Triboulleau, des bordereaux des quittances qu'elle avoit ſignées ; ces bordereaux écrits de la main du ſieur Julien, l'un de ſes témoins : elle tenoit donc un mémoire ou eſtat des quittances de ſes revenus, qu'elle ſignoit, & dés là il eſt vray de dire qu'elle avoit connoiſſance du contenu en ſes quittances, qu'elle les liſoit ou ſe les faiſoit lire.

Une troiſiéme obſervation, eſt qu'il ne ſe trouvera aucune quittance ſignée de la Dame Triboulleau, qui ſoit écrite de la main du ſieur de Godeheu ; ceux dont elle s'eſt ſervie pour les écrire, eſtoient le ſieur Hebert parent de ſon fils, qui demeuroit chez elle en qualité de Commis, Pierre le Deüil qui a fait la meſme fonction après le ſieur Hebert, enfin le ſieur Julien qui vouloit bien prendre ſoin de ſes affaires : n'eſt-il pas abſolument ſans apparence que ces gens qui eſtoient (du moins les deux premiers à ſes gages) euſſent écrit des quittances ſans ſa participation & ſans qu'elle en eût aucune connoiſſance, & qu'on ait pû les luy faire ſigner ſans qu'elle en prît la lecture ?

Après ces obſervations, voyons en effet ſi l'Enqueſte de la Dame Triboulleau contient quelque preuve de ce premier Fait, & examinons les dépoſitions qu'elle cite ſur cela, dans ſa Requeſte de production nouvelle.

Le premier de ces témoins ſur le Fait en queſtion, eſt Leonard Hebert, ſe diſant Marchand à Paris.

Avant que d'entrer dans le détail de ce que l'on prétend qu'il a depoſé ſur le fait des quittances, il eſt à obſerver qu'il n'y a guére de témoin plus reprochable par toutes ſortes d'endroits que celuy-là.

1°. Il eſt Couſin germain par ſa femme du defunt ſieur Triboulleau, par conſéquent oncle à la mode de Bretagne, du ſieur de Bondis & des Dames Guichon & Pinſonneau ; les deux enfans qu'il a de ſa femme, ſont leurs Couſins iſſus de germain, il eſt luy-meſme convenu de ces Faits dans les qualités de ſa dépoſition.

2°. Il eſt débiteur de la ſucceſſion du ſieur Triboulleau, de deux à trois mille livres, preuve par le compte de communauté où la créance ſur luy eſt employée en repriſe, & cette repriſe ſubſiſte toûjours parce qu'il n'a pas payé.

3°. Il eſt Légataire par le Teſtament du defunt ſieur Triboulleau, au ſervice duquel il eſtoit en qualité de Commis, d'une penſion viagere de 400 liv. par an, du payement de laquelle la Dame Triboulleau a eſté dechargée à ſon égard, par Sentence du Chaſtelet ; mais la meſme Sentence condamne les ſieurs de Bondis, Guichon & Pinſonneau, à payer après la mort de la Dame Triboulleau, les arrerages de cette penſion échûs & à échoir depuis le déceds du ſieur Triboulleau : ils payent actuellement les arrérages, mais ils les payent volontairement quant à préſent, puiſqu'aux termes de la Sentence du Chaſtelet, ils pourroient en differer le payement juſqu'après le déceds de la Dame Triboulleau.

Hebert eſt donc un homme qui dépend entierement des Parties du ſieur de Gode-heu, qui peuvent quand ils voudront luy retrancher la penſion, qu'ils ne luy payent que volontairement? Se peut-il un témoin plus reprochable, & n'eſt-ce pas le cas, ou ſur la ſeule lecture du reproche, ſa dépoſition doit eſtre rejettée ſans la lire? conformément à la diſpoſition préciſe de l'article 15 du titre 23 de l'Ordonnance de 1667.

Au fond (quoy qu'il ne ſoit pas neceſſaire d'y entrer, après le reproche qui vient d'eſtre établi) la dépoſition d'Hebert ſur le fait dont il s'agit, ne peut meriter la moindre attention. *Il dit, que le ſieur de Godeheu luy faiſoit écrire, & luy dictoit les Quittances des ſommes qu'il devoit recevoir pour la Dame Triboulleau; qu'il luy en fit écrire pour le payement des intereſts qu'il devoit à ladite Dame, long-tems devant leurs échéances.*

Qu'y a t'il dans cet endroit de la dépoſition, qui puiſſe charger le ſieur de Godeheu? Il a fait écrire des Quittances par le ſieur Hebert, il les a dictées, ſi l'on veut; mais s'enſuit-t'il de là, que la Dame Triboulleau les ait ſignées, ſans en prendre lecture, ou ſans ſe les faire lire? C'eſt pourtant le ſeul point eſſentiel dans le Fait, dont la preuve a eſté admiſe.

Le ſecond témoin eſt le ſieur Julien, 6ᵉ témoin de l'Enquête.

1°. C'eſt un homme qui eſt continuellement à la table de la Dame Triboulleau, & par conſequent ſuſpect d'eſtre porté pour ſes intereſts, & pour ceux des perſonnes qui la font agir.

2°. Que dit ce témoin, *que le ſieur de Godeheu luy a ſouvent fait écrire des Quittances au nom de la Dame Triboulleau, depuis, & pendant le temps qu'elle eſtoit chez le ſieur de Godeheu auquel il laiſſoit ces Quittances.*

Cela dit-il encore, que les Quittances ayent eſté ſignées par la Dame Triboulleau, ſans q'on luy en ait fait la lecture? On ſe ſervoit du ſieur Julien pour les écrire, parce qu'il écrit aſſés bien. Il y a nombre de Memoires & de Quittances d'Ouvriers écrits de ſa main. Il remettoit les Quittances, après qu'il les avoit écrites, au ſieur de Godeheu. Mais la Dame Triboulleau ne les ſignoit qu'en connoiſſance de cauſe, & avec la précaution de retenir un état écrit de la main même du ſieur Julien des Quittances qu'elle ſignoit.

Le troiſiéme témoin, cité dans la Requête de la Dame Triboulleau, eſt Anne de Saint Omer, 10ᵉ témoin.

1°. Cette fille eſt actuellement Femme de Chambre de la Dame Triboulleau de-puis 16 ans; elle en convient dans les qualitez de ſa dépoſition.

Or dès là, c'eſt un témoin reprochable, & dont la dépoſition ne doit pas eſtre lûë, puiſqu'il eſt certain, auſſi-bien dans nôtre uſage & ſuivant les Ordonnances, que dans les principes du Droit Romain; que les Serviteurs & Domeſtiques des Parties ne peu-vent eſtre receus pour témoins dans leurs cauſes.

C'eſt une pure évaſion à cette regle, de dire, que dans l'affaire dont il s'agit, les Serviteurs & Domeſtiques ſont témoins neceſſaires, s'agiſſant de ce qui s'eſt paſſé dans la maiſon de la Dame Triboulleau. Car on n'appelle témoins neceſſaires, que ceux qui peuvent ſeuls dépoſer ſur un Fait; comme lorſqu'il s'agit en matiere de ſépara-tion de faire preuve des ſévices du mary, ou dans l'accuſation d'adultere de la mau-vaiſe conduite d'une femme. Mais le Fait en queſtion n'eſt nullement approchant de cette eſpece. Si le ſieur de Godeheu avoit dicté & fait ſigner à la Dame Triboulleau des Quittances, ſans qu'elle en prît lecture, pluſieurs témoins étrangers, ſçavoir ceux qui ont tiré des Quittances de la Dame Triboulleau, & ceux même dont elle a pris des Quittances en les payant, en pourroient rendre témoignage, ſans qu'il fût beſoin d'entendre ſur cela des Laquais ou Servantes de la Dame Triboulleau.

2°. au fond. 1°. Le Fait dont la témoin dépoſe eſt abſolument étranger à celuy dont il s'agit icy. Elle parle d'un Acte ſigné par la Dame Triboulleau, pendant qu'elle eſtoit dangereuſement malade, en preſence de deux Notaires venus exprès. On voit bien que ce ne pouvoit eſtre qu'un Teſtament, ou un Codicile; & non pas des Quit-tances. C'eſt cependant du Fait de ces Quittances, dont il s'agit uniquement icy.

2°. L'affectation de cette témoin, la fauſſeté de ſa dépoſition ſur le Fait qu'elle al-legue ſont évidentes. Il eſt ſans aucune apparence que deux Notaires mandez pour recevoir une dépoſition teſtamentaire, l'ayent laiſſée dans la chambre de la teſtatrice, de laquelle ils avoient fait ſortir toute la Famille. Elle ne les a pas vû écrire, par-ce qu'ils ne l'ont appellée, que pour ſoutenir la Dame Triboulleau, afin qu'elle pût ſigner. Mais pour lors leur Acte eſtoit écrit & redigé, & même lû & relû. Il n'eſt donc pas extraordinaire qu'elle n'ait vû ni écrire, ni lire l'Acte. Elle ne dit pas, comme on luy fait dire dans la Requête de la Dame Triboulleau, que la Dame Triboulleau a ſigné, ſans qu'on luy ait fait lecture de l'Acte ; mais qu'elle n'a point vû les Notaires écrire ce que la Dame Triboulleau a ſigné.

Le quatriéme témoin cité dans la Requête eſt Pierre le Deuil, 19e témoin de l'Enquête.

1°. C'eſt un homme qui a eſté Commis du défunt ſieur Triboulleau, & depuis ſon decés, de la Dame Triboulleau, dont il eſtoit auſſi Portier. Il en convient dans ſa depoſition.

2°. Il eſt debiteur de la communauté de la Dame Triboulleau, & parconſequent d'elle, & de ſes enfans ; preuve par le compte de communauté, dans lequel ce qu'il doit eſt employé en repriſe. La Dame Triboulleau n'a pas dénié ce reproche qui a eſté propoſé par le ſieur de Godeheu.

3°. Ce qu'il dit dans ſa depoſition, que le ſieur de Godeheu l'a fait ſortir de chés la Dame Triboulleau, fait connoître qu'il en a gardé du reſſentiment contre le ſieur de Godeheu, & doit ſuffire pour rendre ſa depoſition ſuſpecte, & pour la faire rejetter.

4°. Au fond, ce qu'on luy a fait dire par rapport au Fait dont il s'agit, eſt ſi denué, non ſeulement de vray-ſemblance, mais de bon ſens, qu'il ſuffit de le rapporter pour faire voir qu'il n'a ſuivi que ſa paſſion, ſans conſulter autre choſe. *Il dit que le ſieur de Godeheu luy a fait ſigner des Quittances pour & au nom de la Dame Triboulleau, pour des ſommes qui luy eſtoient deües, & dont le ſieur de Godeheu recevoit l'argent, en diſant au dépoſant qui faiſoit difficulté de ſigner, que cela ſuffiſoit.*

Selon le langage inſenſé de ce témoin, il a ſigné des Quittances au nom de la Dame Triboulleau. S'il les ſignoit du nom de la Dame Triboulleau, c'eſtoit un fauſſaire ; s'il les ſignoit de ſon nom, peut-on s'imaginer que des debiteurs payaſſent ſur des Quittances ſignées d'un Portier Commis ? Cependant, ſi on l'en croit, le ſieur de Godeheu luy a dit que cela ſuffiroit, & il a receu ſur ces Quittances. Se peut-il rien de plus abſurde que tout ce diſcours ?

Dans la Requête de la Dame Triboulleau, on ne rappelle ſur le Fait dont il s'agit icy, que les témoins que l'on vient de refuter ; mais il eſt bon de détruire quelques autres depoſitions qui y ont rapport, quoy qu'elles ne ſoient pas objectées.

L'une de ces depoſitions eſt celle d'Anne Blondel, 24e témoin, qui dit qu'elle a vû le ſieur de Godeheu preſſer la Dame Triboulleau à Saint Cloud de ſigner pluſieurs papiers & parchemins qui luy parurent des quittances, ce qu'il luy fit faire à pluſieurs repriſes, parce qu'elle eſtoit aſſez mal.

1°. Anne Blondel eſt l'une des Filles de Chambre de la Dame Triboulleau, elle reconnoît elle-même dans ſa depoſition qu'il y a huit années qu'elle la ſert en cette qualité, c'eſt donc un témoin reprochable, & dont la depoſition ne doit pas eſtre lûë aux termes de l'Ordonnance.

2°. Elle dit qu'elle a vû le ſieur de Godeheu preſſer la Dame Triboulleau à Saint Cloud de ſigner des papiers & parchemins qui luy ont paru des quittances, qu'il les luy a fait ſigner à pluſieurs repriſes, parce qu'elle eſtoit aſſez mal ; ce ne pouvoit pas eſtre lors de la grande maladie de la Dame Triboulleau, dont parle la témoin, qui ne parut dangereuſe que long-temps aprés qu'elle fut de retour de Saint Cloud ; c'eſtoit donc apparemment dans les vacations de l'année 1712, temps auquel la Dame Triboulleau fut malade à Saint Cloud ; mais on a trouvé ſous ſon ſcellé le bordereau des quittances qu'elle avoit ſignées, elle ne ſignoit donc pas ſans connoiſſance, & ſans ſçavoir ce que les actes contenoient.

3°. Auſſi Anne Blondel ne dit-elle pas qu'on ait fait ſigner à la Dame Triboulleau des quittances ſans luy en faire la lecture ; c'eſt cependant le point eſſentiel, car au ſurplus quel préjudice luy a-t'on fait de luy preſenter des quittances à ſigner pour la mettre en eſtat de toucher ſes revenus ?

Michel Roger 25e témoin dit qu'il ſçait que quand le ſieur de Godeheu vouloit faire ſigner quelques quittances à la Dame Triboulleau, il faiſoit ſortir les domeſtiques.

1°. Ce témoin a eſté ſucceſſivement Laquais de la Dame Triboulleau, & du ſieur de Godeheu qui l'a chaſſé.

2°. Que peut-il réſulter de ſa depoſition ? il ſçait que quand le ſieur de Godeheu vouloit faire ſigner quelques quittances à la Dame Triboulleau, il faiſoit ſortir les domeſtiques,

meſtiques ; comment peut-il ſçavoir ſi c'eſtoient des quittances ? puiſqu'on le faiſoit ſortir auſſi bien que les autres domeſtiques, mais ce qui eſt certain eſt qu'il ne peut pas
ſçavoir ſi la Dame Triboulleau avant que de ſigner les quittances les liſoit ou ſe les
faiſoit lire, puiſqu'on le faiſoit ſortir, le contraire eſt plus à préſumer ſuivant la dépoſition
même, car ſi l'on avoit voulu que la Dame Triboulleau ſignât des quittances ſans les
lire, quelle raiſon auroit-on eu de faire ſortir les domeſtiques ?

Voilà tout ce qui a raport au premier fait dans l'Enqueſte de la Dame Triboulleau ;
c'eſt à la Cour à juger s'il y a la moindre preuve du fait admis. Rien qui puiſſe balan-
cer les preuves par écrit du fait contraire.

SECOND FAIT.

*Que le ſieur de Godeheu a reçû tous les revenus de la Dame Triboulleau depuis la
mort de ſon mary, arrivée en l'année 1706.*

TROISIE'ME FAIT.

*Que le ſieur de Godeheu a défendu aux Commis qui eſtoient chez la Dame Tri-
boulleau, lors du decès de ſon mary, de remettre l'argent qu'ils recevoient pour
elle, à d'autres qu'à luy-même, ſous peine d'eſtre chaſſez, & qu'en effet ces
Commis luy ont toûjours remis ce qu'ils ont reçû, qu'il en a mis hors de la maiſon
de la Dame Triboulleau pour luy avoir remis quelques deniers.*

Ces deux faits ſont joints icy, parce que la Dame Triboulleau a jugé à propos de
les joindre dans ſa Requeſte de production de ſon enqueſte.

Jamais fait ne fut plus contraire aux preuves par écrit, que le premier des deux qui
viennent d'eſtre raportez, tous les revenus de la Dame Triboulleau, loyers de maiſons,
arrerages de rentes ſur la Ville, & ſur particuliers, ont eſté reçûs ſur des quittances
ſignées d'elle, il n'y en a pas une qui ait eſté ſignée par le ſieur de Godeheu, ou
comme ſe faiſant fort de la Dame Triboulleau, ou comme fondé de ſon pouvoir ; elle
n'a en effet jamais donné de procuration pour regir ſes affaires ou recevoir ſes revenus,
les quittances ſignées de la Dame Triboulleau juſtifient donc par écrit le fait contraire
à celuy dont la preuve eſt admiſe par témoins.

Car ce ſeroit une illuſion de dire que l'on entend par là que le ſieur de Godeheu
a eſté recevoir des débiteurs de la Dame Triboulleau ſur les quittances qu'elle luy remettoit : aller recevoir ſur les quittances d'autruy eſt un devoir, ou d'amy, ou de domeſtique, & ne rend point comptable celuy qui reçoit de cette maniere, parce qu'il
eſt toûjours reputé avoir remis de la main à la main les deniers dont on luy a confié
la quittance.

Aujourd'huy que la Dame Triboulleau eſt chez le ſieur de Bondis ſon fils, elle ne
va pas plus recevoir ſes revenus qu'elle faiſoit chez le ſieur de Godeheu, c'eſt ou ſon
fils, ou un domeſtique qui va prendre l'argent ſur ſes quittances, demandera-t'on auſſi
la preuve par témoins qu'ils ont reçû, pour les rendre comptables ?

Le ſieur de Godeheu eſt le petit Gendre de la Dame Triboulleau, eſt-il plus extraordinaire qu'il ait quelquefois reçû pour elle ſur ſes quittances que ſon fils ? que ſi le
ſieur de Godeheu, en préſupoſant qu'il ait ainſi reçû, ne luy eut pas remis les deniers
qu'il avoit touchez ſur ſes quittances, préſumera-t'on, y a-t'il même la moindre apparence qu'elle eut continué pendant ſix à ſept années de luy confier ſes quittances ?

Le ſecond fait n'eſt admis que pour appuyer & ſoutenir le premier ; il eſt vray qu'il
n'y a pas de preuve par écrit du contraire de ce qui y eſt articulé, & comment y en
auroit-il ? c'eſt un fait de la pure imagination des parties du ſieur de Godeheu ; mais
il faut convenir auſſi qu'ils n'ont pas le moindre commencement de preuve par écrit
de ce qui y eſt propoſé, *que le ſieur de Godeheu a défendu aux Commis de la Dame
Triboulleau de payer à d'autres qu'à luy, qu'il en a chaſſé pour luy avoir remis quelques
deniers.*

Que ſi ſur de pareils faits avancez ſans aucun commencement de preuve par écrit,
l'on s'en raporte à des témoins, quel eſt celuy qui pourra ſe croire aſſuré de ne pas

devenir comptable des revenus d'autruy ? on ne manquera pas de dire de la part de la Dame Triboulleau, que c'est icy proposer des griefs contre la Sentence qui admet la preuve ; non, mais le sieur de Godeheu croit les observations cy-dessus necessaires pour faire connoistre au moins que des dépositions de témoins sur de pareils Faits, ne peuvent faire aucune impression, pour peu que la qualité de ceux que l'on a fait entendre les rende suspects.

Examinons sur ces principes ce qui resulte de l'Enqueste sur les deux Faits en question.

Le premier des témoins, cité dans la requeste de la Dame Triboulleau sur ces faits, est Leonard Hebert, on a cy-dessus expliqué les causes de reproche de son témoignage, qui sont insurmontables ; mais il en fournit une autre luy-mesme par l'affectation qui regne dans toute sa déposition, & parce qu'il dit *que n'estant pas agreable au sieur de Godeheu, il luy envoya atre un jour, qui estoit le 15 Mars 1709, de se retirer, qu'il croit que la Dame Triboulleau n'en sçavoit rien parce qu'elle estoit malade ;* c'est donc un homme à qui il n'estoit pas indifferent d'estre nourry chez la Dame Triboulleau (puisqu'il n'a aucuns biens) qui impute au sieur de Godeheu de l'en avoir chassé sans la participation de la Dame Triboulleau ? ainsi d'un costé Hebert est parent proche des Parties du sieur de Godeheu, leur débiteur, nourry d'une pension qu'ils luy payent quant à présent de leur bon gré, & de l'autre il est irrité contre le sieur de Godeheu, parcequ'il l'a renvoyé de chés la Dame Triboulleau où il estoit nourry : il ajoûte même qu'il n'a pas esté payé de ses appointemens, nouveau sujet de chagrin pour luy. Quelle foy peut-on avoir à un témoin suspect par tant d'endroits ?

Au reste ce témoin au travers de toute l'affectation de sa déposition, ne laisse pas de convenir.

1°. Qu'il a reçû luy-mesme sur les quittances de la Dame Triboulleau. 2°. Que la Dame Triboulleau avoit un livre de recette, sur lequel luy Hebert écrivoit ce qu'il recevoit pour elle. 3°. Que des sommes qu'il a reçûës, tantost sur les quittances que luy donnoit la Dame Triboulleau, & les autres par le sieur de Godeheu, il en a remis quelques petites sommes à la Dame Triboulleau. 4°. Que la Dame Triboulleau ne s'est jamais plainte de ce qu'il remettoit l'argent qu'il recevoit au sieur de Godeheu ; c'est ce qui ne seroit pas constamment arrivé, si le sieur Godeheu l'avoit sevré de tous ses revenus ou de la plus grande partie, & qui fait connoistre au contraire qu'elle sçavoit que cet argent ne s'employoit que pour elle & sur ses ordres.

Le second Témoin cité dans la Requeste sur les Faits dont il s'agit, est Louis Mouscadet actuellement Laquais de la Dame Triboulleau, à qui l'on a fait dire vaguement qu'il sçait que le sieur de Godeheu recevoit tous les revenus de la Dame Triboulleau.

1°. C'est un Laquais, & qui sert actuellement la Dame Triboulleau, peut-on dire que son témoignage soit recevable comme d'un témoin necessaire ? est-ce que s'il estoit vray que le sieur de Godeheu eût reçû tous les revenus de la Dame Triboulleau, ses locataires, ses débiteurs n'en pourroient pas déposer ? faut-il sur cela avoir recours à des Laquais qui la servent ?

2°. Par où sçait-t'il ce qu'il dit si affirmativement, & neanmoins d'une maniere si vague, que c'estoit le sieur de Godeheu qui recevoit tous les revenus de la Dame Triboulleau ? cela meritoit bien d'estre appuyé de quelques circonstances, mais on voit bien qu'il ne le sçait que parce qu'on le luy fait dire.

Le troisiéme témoin, Jacqueline Varin, femme de Pierre le Deüil, est reprochable par les mesmes raisons que son Mary, ils sont debiteurs de la succession du sieur Triboulleau.

Mais d'ailleurs, elle ne dit ny que le sieur de Godeheu ait reçû tous les revenus de la Dame Triboulleau, ny que des Commis ayent esté chassés pour avoir remis à d'autres qu'au sieur de Godeheu les deniers qu'ils avoient reçûs, on luy a fait dire seulement *qu'elle sçait que la Dame Triboulleau n'avoit jamais un sol ; que quelque fois, mais rarement, le sieur de Godeheu luy donnoit vingt écus ou 100 livres, que quand on luy demandoit quelque chose, la Déposante luy a entendu dire qu'elle n'avoit pas un sol.*

1°. Réponse ordinaire de ceux à qui on demande, & sur-tout aux vieilles gens, *qu'ils n'ont point d'argent.*

2°. Cette témoin dit que quelquefois, mais rarement, le sieur de Godeheu donnoit à la Dame Triboulleau vingt écus, ou 100 livres.

Cependant le sieur Julien a vû donner jusqu'à 500 livres. Ce qui est vray, est que lorſque le ſieur de Godeheu recevoit pour la Dame Triboulleau, ou il luy remettoit ce qu'il avoit receu, qui pouvoit n'eſtre que de 100 livres ou 150 livres pour loyers ou arrerages ; ou il luy rendoit compte de l'uſage qu'il en avoit fait pour elle. Elle en eſtoit contente, puiſque ſelon Hebert luy-même, elle ne ſe plaignoit pas de n'avoir pas receu.

Le troiſiéme témoin cité dans la Requête, eſt le ſieur Julien.

Mais ce témoin eſt mal cité ſur les deux Faits en queſtion. Il ne dit point ni que le ſieur de Godeheu ait receu tous les revenus de la Dame Triboulleau, ni qu'il ait chaſſé des Commis pour luy en avoir remis.

2°. On ne raporte pas fidelement ſa depoſition de l'argent qu'il dit avoir vû donner à la Dame Triboulleau ; car il parle de 100 liv. à 100 liv. 200 liv. & juſqu'à 500 livres. Comment accorder cela avec ce qu'on a fait dire à la Varin, qu'elle ſçait que la Dame Triboulleau n'avoit jamais un ſol, & que le ſieur de Godeheu luy donnoit rarement vingt écus ou 100 livres ?

Anne de Saint Omer 4ᵉ témoin cité dans la Requête, & qui eſt le 10ᵉ de l'Enquête, eſt, comme on l'a déja obſervé, fille de Chambre de la Dame Triboulleau. Reproche invincible & ſans réponſe. On luy fait dire que le Commis de la Dame Triboulleau alloit recevoir l'argent & le luy remettoit. Mais s'enſuit-il de là qu'il le retînt & qu'il ne le rendît pas à la Dame Triboulleau ? C'eſt de quoy il eſt certain par les dépoſitions mêmes qu'elle ne s'eſt jamais plainte.

L'on cite pour cinquiéme témoin Hector Neveu Controlleur des Rentes, 11ᵉ témoin. La Requête de la Dame Triboulleau dit que ce témoin donne un dénoüement de ce qui ſe manœuvroit entre le ſieur de Godeheu & Gaſpard Levé, par rapport aux Rentes appartenantes à la Dame Triboulleau ſur l'Hôtel de Ville ; qu'il n'eſt pas équivoque ni douteux que ce ne ſoit le ſieur de Godeheu qui ait ſans diſcontinuation receu les arrerages de ces Rentes, ſur les quittances qu'il ſurprennoit (dit-on) de la Dame Triboulleau ; que Gaſpard Levé en convient luy-même dans ſon interrogatoire ſur faits & articles. Mais que la dépoſition du ſieur Neveu découvre le peu de ſincerité, & du ſieur de Godeheu, & du ſieur Levé ſon Controlleur, qui a oſé, après ſerment par luy fait de dire verité dans l'interrogatoire ſur faits & articles, déguiſer cette même verité.

Voyons donc ce que porte cette dépoſition, qui ſelon la Dame Triboulleau, doit découvrir ou éclaircir tant de choſes, & quelle foy on y peut ajouter.

Le ſieur de Godeheu n'a propoſé aucuns reproches contre le ſieur Neveu qu'il a toûjours regardé comme un honnête homme. Mais malheureuſement pour ſa dépoſition, & pour les inductions que l'on a pretendu en tirer, ſa memoire luy a repreſenté les choſes tout-autrement qu'elles ne ſont ; ou ſon dévouement pour le ſieur de Bondis, avec lequel il a toûjours eſté lié d'amitié & de ſocieté de plaiſir, luy a fait dire ſans reflexion, ce qu'il a crû eſtre conforme aux intereſts de ſon ami, quoy que contraire à la verité.

Il dit qu'il ſçait que le ſieur de Godeheu a fourni au ſieur Levé les quittances ſur la Ville de la Dame Triboulleau en l'année 1713 ; que ledit Levé le paya en ſes gages de Controlleur dudit ſieur de Godeheu, & en une rente que ledit ſieur de Godeheu payoit aux Religieuſes Urſulines d'Argenteüil, dont le ſieur Levé recevoit les arrerages pour leſdites Religieuſes ; & que pour le ſurplus ledit ſieur Levé eut du tems pour achever de payer le contenu dans les quittances ; ce qui a eſté dit au ſieur Dépoſant par le ſieur Levé.

Voilà ce que l'on appelle de la part de la Dame Triboulleau le dénoüement de la verité. Car, dit-on dans ſa Requête, le ſieur de Godeheu ſurprenoit de la Dame Triboulleau la ſignature des quittances de la Ville. Il les remettoit au ſieur Levé, avec lequel il les échangeoit contre des quittances que le ſieur Levé luy donnoit, d'un côté de ſes gages de Controlleur des Rentes du Clergé que le ſieur de Godeheu luy payoit, & de l'autre contre des quittances d'arrerages d'une Rente ſur le Clergé, appartenante aux Urſulines d'Argenteüil, pour leſquelles le ſieur Levé recevoit, ainſi de part ni d'autre on ne debourſoit point d'argent ; & l'on induit apparemment de là qu'il n'en revenoit point à la Dame Triboulleau de ſes arrerages de Rente ſur la Ville.

On obſervera d'abord que cette conſequence pourroit eſtre fauſſe, quand le principe ſur lequel on la fonde ſeroit veritable. Car quand même le ſieur de Godeheu auroit échangé les quittances d'arrerages de la Ville de la Dame Triboulleau, avec ce qu'il auroit deu au ſieur Levé, il ne s'enſuivroit nullement de là qu'il n'eût pas remis à la Dame Triboulleau le montant de ses quittances d'arrerages, dont il se fe-roit à la verité payé par ses mains, & neanmoins des fonds qui luy estoient remis pour le payement des Rentes du Clergé.

Mais il faut faire voir que la déposition du sieur Neveu est fausse dans tout ce qu'elle contient sur le Fait en question.

1°. Il est faux, sauf le respect de la Cour, que le sieur de Godeheu, comme Payeur des Rentes du Clergé, paye au sieur Levé ses gages de Controlleur des Rentes du Clergé. Ces gages luy sont payés directement par le sieur Ogier, Receveur general du Clergé. Preuve par le Certificat du sieur Ogier en datte du 18 Juillet 1715, qui sera produit au procés, dans lequel il atteste que c'est luy qui paye, ainsi que ses prédécesseurs ont toûjours fait, au sieur Levé Controlleur de la deuxiéme partie des Rentes du Clergé, dont le sieur de Godeheu est Payeur, ses gages de Controlleur; & que le Payeur de la seconde partie des ces Rentes, ne les a jamais payés.

2°. Il est pareillement faux que le sieur de Godeheu paye ou ait jamais payé aucunes Rentes sur le Clergé, aux Religieuses Ursulines d'Argenteüil. Elles n'ont aucunes Rentes sur la seconde partie des Rentes de l'ancien Clergé. Ce fait est prouvé par le Certificat des Superieures & Religieuses de ce Monastere, en datte du 18 Juillet 1715, qui sera aussi produit.

3°. Et enfin 3e fausseté dans la déposition, que le sieur Levé reçoive les arrerages de Rente sur la Ville ou sur le Clergé, pour les Ursulines d'Argenteüil ; elles attestent au contraire par le même Certificat, que le sieur Levé n'a jamais receu aucunes Rentes pour leur maison.

Donc tout le systeme, sur lequel le sieur Neveu a bâti sa déposition, est faux d'un bout à l'autre, & se trouve démenti par des Actes par écrit. C'est cependant un témoin qui n'a déposé qu'après serment de dire verité.

Que si les Emissaires de la Dame Triboulleau ont trouvé le secret de faire ainsi parler contre la verité un homme tel que le sieur Neveu Officier, & sur lequel il ne peut y avoir de prise, que par sa déposition même ; quel cas peut-on faire d'une infinité d'autres dépositions de l'Enquête, où l'on ne voit que des Laquais, des Servantes ou des gens de néant, parens, ou pensionnaires de la Famille de la Dame Triboulleau ? Comment recevoir les témoignages des Domestiques de la Dame Triboulleau, comme de témoins necessaires ; lors que l'on voit que le credit de ceux qui luy ont menagé ces témoins, & concerté leurs dépositions, va jusqu'à faire imaginer à un témoin étranger, des Faits qui se trouvent détruits par des Actes ?

On prouvera ailleurs sur le Fait de la vaisselle d'argent, que la memoire du sieur Neveu n'a pas esté plus fidelle sur cet article, que sur celuy que l'on vient de détruire.

La Requeste cite pour 6e témoin, Michel du Buisson 12e témoin de l'enqueste, qui dit que le sieur de Godeheu se servit de luy pour vendre un vieux Carosse de Campagne de la Dame Triboulleau, duquel il luy fit avoir un billet de Monnoye de 250. liv. que quelques temps aprés la Dame Triboulleau luy ayant demandé ce qu'estoit devenu son Carosse, il luy dit que le sieur de Godeheu l'avoit vendu 250 livres en billets de monnoye, qu'il luy avoit promis une pistolle qu'il ne luy avoit pas donnée ; surquoy la Dame Triboulleau luy dit qu'elle n'en avoit pas entendu parler par le sieur de Godeheu, qu'il ne luy en avoit rien donné.

1°. Cette déposition est étrangere au fait de la prétenduë recette des revenus de la Dame Triboulleau.

2°. Le témoin est un homme qui a esté Laquais de la Dame Triboulleau à qui elle a fait apprendre métier, il est aussi son filleul.

3°. Il fait luy-même connoître dans sa déposition, & son dévoüément pour les parties secretes ou declarées du sieur de Godeheu, & son indisposition pour luy ; d'un côté il prétend que le sieur de Godeheu luy avoit promis une pistolle pour la vente du Carosse, & qu'il ne la luy a pas donnée, *inde iræ*, (l'interest est le ressort le plus puissant de ces ames basses) de l'autre il dit luy-même dans la fin de sa déposition, qu'estant venu pour voir la Dame Triboulleau pendant qu'elle estoit malade, on ne voulut pas luy permettre de la voir, & *que pour s'en venger* il prit un cheval, & alla à Bondis avertir le sieur de Bondis que sa mere estoit bien malade : belle disposition pour un témoin!

4°. Il convient dans sa déposition d'avoir dit à la Dame Triboulleau que son vieux

Carosse

Caroſſe avoit eſté vendu 250 livres en un billet de monnoye ; peut-on douter qu'elle n'en ait demandé compte & raiſon au ſieur de Godeheu ? il pouvoit n'en avoir point encore parlé à la Dame Triboulleau, lorſqu'elle a vû du Buiſſon, c'eſtoit peut-eſtre le lendemain ; mais ſi le ſieur de Godeheu ne luy avoit pas remis ces 250 livres, ou ne luy en avoit pas tenu compte, auroit-elle manqué de s'en plaindre ?

Le 7e témoin de la Requeſte ſur le fait en queſtion, 17e témoin de l'Enqueſte, eſt Charles Marin, cy-devant Cocher de la Dame Triboulleau, qui dit qu'il n'a jamais vû apporter d'argent chez la Dame Triboulleau, ny par le ſieur de Godeheu, ny par autre.

1°. Ce n'eſt pas là le fait dont il s'agit icy, le témoin ne dépoſe pas qu'il ait vû le ſieur de Godeheu faire la recette des revenus de la Dame Triboulleau, c'eſt cependant ce qu'il s'agit de prouver.

2°. De ce que ce Cocher n'aura pas vû apporter d'argent chez la Dame Triboulleau, s'enſuit-il qu'elle n'en ait pas reçû ? cet homme eſtoit-il neceſſaire à voir compter de l'argent ? on fera voir ailleurs, & cela par des preuves écrites, qu'il a eſté porté & compté de l'argent chez la Dame Triboulleau, & qu'elle l'a reçû & employé.

Le 8. Témoin de la Requeſte, 19e de l'Enqueſte, eſt Pierre le Deüil, qui dit que le ſieur de Godeheu le renvoya de chez la Dame Triboulleau, parce qu'il avoit fait monter un Braſſeur qui apportoit de l'argent à la Dame Triboulleau, & le luy paya ; que le ſieur de Godeheu le gronda fort de ne l'avoir pas envoyé chez luy, & qu'il n'a jamais vû entrer d'argent chez elle, ſoit qu'il fut porté par le ſieur de Godeheu ou par autre ; qu'il a vû apporter de l'argent par quelques Locataires, & quand le ſieur de Godeheu ne ſe trouvoit pas dans la maiſon de la Dame Triboulleau, il falloit envoyer chez luy ainſi qu'il l'ordonnoit ; ce témoin dépoſe auſſi (dit la Requeſte) que le ſieur de Godeheu vendit deux Chevaux entiers & un Caroſſe de la Dame Triboulleau, & qu'il en reçut le prix.

1°. L'on a cy-deſſus expliqué ſur le premier Fait, la qualité de ce Témoin, & le reproche qui en réſulte.

2°. Il ſe trouve dans la dépoſition meſme de le Deüil une contradiction évidente, qui en découvre la fauſſeté, ceux qui la luy ont dictée n'ont pas pris garde qu'en le faiſant trop parler, ils détruiſoient entierement ſa dépoſition, c'eſt ce qu'il eſt néceſſaire de déveloper.

Cet homme dit qu'il eſt rentré chez la Dame Triboulleau lorſqu'elle revint malade de ſaint Cloud à la ſaint Martin 1708, qu'il ſervoit de Commis & de Portier dans la maiſon, qu'il y reſta l'eſpace de ſix mois, & que le ſieur de Godeheu le renvoya, parcequ'il avoit fait monter le nommé Toicher Braſſeur, qui apportoit de l'argent à la Dame Triboulleau, qu'elle reçut.

Selon le commencement de cette dépoſition, le Deüil a eſté renvoyé de chez la Dame Triboulleau ſix à ſept mois après y eſtre rentré, il y eſtoit entré en Novembre 1708, c'eſtoit donc environ le mois de May de l'année 1709, qu'on l'en a chaſſé, pour avoir (ſi on l'en croit) fait monter un Braſſeur qui apportoit de l'argent à la Dame Triboulleau, au lieu de l'envoyer chez le ſieur de Godeheu.

Il n'eſtoit donc plus dans la maiſon de la Dame Triboulleau, & n'y faiſoit plus de fonction, ny de Commis, ny de Portier au mois de Novembre 1709? car il faudroit pour cela qu'il y eût demeuré un an, & non pas ſix mois, & qu'il ne fut ſorti qu'au mois de Novembre, au lieu que ſelon luy il a eſté renvoyé dés le mois de May.

Cependant, on fait dire à ce même témoin *qu'il a vû le ſieur de Godeheu porter deux coffres pleins de papiers & de regiſtres dans la petite cour de derriere, & qu'il vit au travers des vitres de ſon Bureau où il eſtoit, que le ſieur de Godeheu faiſoit brûler leſdits papiers & Regiſtres.*

La Cour eſt ſupliée d'obſerver que le fait du prétendu brûlement de papiers & Regiſtres, tel qu'il eſt articulé de la part de la Dame Triboulleau, a pour époque ſa ſortie de la maiſon qu'elle occupoit, rue du Monceau S. Gervais, pour ſe retirer chez le ſieur de Godeheu ſon petit Gendre ; c'eſt en effet ſuivant cette datte, qu'on en a fait dépoſer par Jacqueline Varin, 3e témoin, par la Fontaine, 26e témoin, & par d'autres ; en un mot, le Fait même de la Dame Triboulleau, qui eſt le 5e de ceux admis, eſt que ces papiers & regiſtres furent brulez peu de jours après ſa ſortie.

Il eſt certain qu'elle n'eſt ſortie de ſa maiſon rue du Monceau S. Gervais, qu'à la fin d'Octobre 1709, preuve par le traité pour la penſion qui eſt pour commencer au premier de Novembre 1709; or comment ce Pierre le Deüil témoin, à qui l'on a fait tant entaſſer de Faits les uns ſur les autres, peut-il avoir vû brûler ces papiers, & les avoir vû brûler (comme on le luy fait dire) de la feneſtre de ſon bureau ou loge de Portier, luy qui prétend qu'on l'a chaſſé de chez la Dame Triboulleau dés le mois de May précedent, c'eſt-à dire ſix mois auparavant ; ou il eſt faux qu'on l'ait chaſſé au mois de May, pour avoir fait monter dans l'appartement de la Dame Triboulleau, le Braſſeur qui luy portoit de l'argent, ou il eſt faux qu'il ayt vû par les vîtres de ſa Loge, ſix mois après, brûler des papiers ou des regiſtres, n'eſt-ce pas là où l'on peut veritablement appliquer ce proverbe *mendax memor eſto* ? mais ce pauvre malheureux n'en ſçait pas tant, & il pourroit dire ce que l'Orateur Romain met dans la bouche d'un homme contre qui il plaidoit, *quid acceperim ſcio , quid dicam neſcio*, il a parlé ſuivant l'argent qu'on luy a donné, & a dit ce qu'on luy a dicté, c'eſt la faute de ceux qui l'ont ſi mal inſtruit.

3° Au ſurplus, ce qu'on luy a fait dire eſt encore très foible & ne peut faire aucune impreſſion ; il convient que le Braſſeur a porté de l'argent à la Dame Triboulleau, & qu'elle l'a reçû en l'abſence du ſieur de Godeheu, elle ſçavoit donc donner des quittances, ou il faut qu'elle ayt remis au Braſſeur le tître de ſa dette, qui eſtoit effectivement un billet qu'il avoit fait au ſieur Sanguin de Mandegris, & que le ſieur de Mandegris avoit donné à la Dame Triboulleau, en payement de ce qu'il luy devoit, & ſi cela eſt, elle avoit donc pardevers elle , les tîtres de la recette de ſes biens & revenus?

Il dit que pendant la grande maladie de la Dame Triboulleau, on envoyoit chez le ſieur de Godeheu, les Locataires qui venoient apporter de l'argent à la Dame Triboulleau, quand le ſieur de Godeheu n'eſtoit pas chez elle, *quid mirum* ! la Dame Triboulleau bien malade, n'eſtoit pas en état de recevoir de l'argent & de donner quittance, & il eſt vray qu'elle n'avoit pas de confiance au ſieur de Bondis, pour luy faire recevoir ſes deniers, ils avoient des procès enſemble ; s'en ſuivra-t'il de là, que le ſieur de Godeheu ayt toûjours reçû, ou que de ce qu'il a reçû pendant la maladie de la Dame Triboulleau, il ne luy ayt pas rendu compte?

Enfin, on fait dire à ce témoin que le ſieur de Godeheu a vendu deux Chevaux & un Caroſſe de la Dame Triboulleau ; c'eſtoit ſuivant l'Epoque que le témoin donne à tous les Faits dont il parle, pendant la grande maladie de la Dame Triboulleau car il n'y a reſté que pendant ce temps là, cela prouve-t'il une regie & adminiſtration? ſi le ſieur de Godeheu a vendu des Chevaux & un Caroſſe de la Dame Triboulleau, il luy a rendu compte du prix qu'il en a retiré.

L'on voit donc que tout le diſcours de ce Témoin, tout affecté, faux & plein de contradiction qu'il eſt, ne peut faire la moindre preuve du Fait en queſtion.

Le neuviéme témoin, cité par la Requeſte & qui eſt le 20° de l'Enqueſte, eſt Laurent Pilleron Marchand de Vin , la Requeſte porte que ce témoin dit, *que c'eſt au ſieur de Godeheu qu'il a payé les intereſts des ſommes principales , dont il eſt débiteur envers la Dame Triboulleau , & ſur les Quittances que le ſieur de Godeheu luy fourniſſoit de ladite Dame.*

La dépoſition du témoin, (quoyque ce ſoit un homme dévoüé à la Dame Triboulleau) n'eſt nullement dans ces termes, il dit au contraire, (& la Cour eſt ſuppliée d'y faire attention,) *qu'il eſtoit débiteur de 7217 livres à la ſucceſſion du ſieur Triboulleau , dont il a toûjours payé les intereſts au ſieur Triboulleau de ſon vivant, & que depuis, & juſqu'au temps que la Dame Triboulleau s'eſt retirée chez le ſieur de Godeheu, il ne peut aſſurer poſitivement s'il a payé les intereſts qu'il devoit à ladite Dame , a elle-même , ou au ſieur de Godeheu, ſe ſouvient bien que quelquefois il a porté ſon argent dans la chambre de la Dame Triboulleau, où quelquefois le ſieur de Godeheu s'eſt trouvé , & d'autres fois non.*

Voilà donc déja un premier temps, ſçavoir celuy pendant lequel la Dame Triboulleau a tenu ſon menage, qu'il faut retrancher du fait articulé par la Dame Triboulleau, que le ſieur de Godeheu a reçû tous ſes revenus depuis la mort de ſon mary, car le témoin non ſeulement dit qu'il ne peut aſſurer s'il a payé à la Dame Triboulleau elle-même ou au ſieur de Godeheu ; mais il ajoûte que quelquefois il a porté ſon argent dans la Chambre de la Dame Triboulleau, où quelquefois le ſieur de Godeheu eſtoit, & d'autres fois non , ce n'eſtoit donc pas au ſieur de Godeheu , comme prépoſé en quelque maniere pour la recette des revenus de la Dame Triboulleau qu'il payoit, il portoit directement l'argent dans la Chambre de la Dame Triboulleau qui le recevoit, & donnoit Quittance, soit que le sieur de Godeheu y fut ou non.

Il est vray que le témoin ajoûte que depuis que la Dame Triboulleau est venu loger chez le sieur de Godeheu, il a toûjours payé au sieur de Godeheu; mais premierement les Quittances qui sont signées de la main de la Dame Triboulleau, dont le corps n'est constamment point de la main du sieur de Godeheu, prouvent le contraire.

2°. Ce que Pilleron ajoûte dans sa déposition, dans la vûë de la circonstancier & appuyer, est une pure suposition qui détruit le reste de son témoignage; *il dit que le sieur de Godeheu luy ayant pris une quantité de vin sur le Port de la Tournelle, où il vint avec le sieur Pellerin, quand luy déposant en voulut demander le payement au sieur de Godeheu, il l'obligea d'imputer le prix du vin qui montoit à 1017 livres, sur le principal du billet qu'il devoit à la Dame Triboulleau, dont le sieur de Godeheu luy remit 3 Quittances de la Dame Triboulleau, & que luy de sa part déchargea son livre, & donna au sieur de Godeheu son reçû du vin, comme s'il avoit esté payé de ses deniers.*

Le sieur de Godeheu joindra au Procés les Memoires & Reçûs qu'il a du vin que Pilleron luy a fourni. 1°. Il n'y en a pas un seul de la somme de 1017 livres, ny qui en approche, le premier du 28 Avril 1708 est de 162 livres 6 sols, le second du 25 Mars 1709 n'est que de 38 livres 18 sols, le troisiéme du 27 Septembre 1709 est de 721 livres 10 sols, le quatriéme du 9 Decembre 1710 est de 520 livres; enfin le cinquiéme du 21 Novembre 1711 est de 400 livres, il n'y en a donc pas un seul qui puisse quadrer avec les 1017 livres, que le témoin dit que l'on a imputez sur le principal de son obligation.

2°. Ces Reçûs sont, (comme on le voit par les dattes qui viennent d'estre rapportées) d'années differentes, au lieu que le sieur de Godeheu n'avoit donné à Pilleron en paye-ment du vin qu'il luy devoit, que des Quittances de la Dame Triboulleau pour 1017 liv. sur le principal qu'il devoit, Pilleron de sa part n'avoit donné au sieur de Godeheu qu'un seul reçû, estant sans aucune apparence qu'on eût remis des reçûs d'années diffe-rentes pour une somme qui se payoit par compensation en une seule fois, on ne com-prend pas aussi ce que peut entendre le témoin, en disant qu'il luy a esté remis trois Quittances sur le principal; car à quelle fin trois Quittances sur un principal qui estoit éxigible pour le tout, tant en vertu du billet de Pilleron qu'au moyen de la Sentence de condamnation intervenuë contre luy aux Juges Consuls, & qui est comprise dans l'Inventaire fait aprés le decés du sieur Triboulleau.

Le fait certain de cette Sentence de condamnation obtenuë contre Pilleron aux Consuls, & en vertu de laquelle il est contraignable par corps, sert d'un côté à faire voir que si le sieur de Godeheu l'a pressé de payer, ainsi que le témoin le dit dans sa déposition, il n'a pas eu grand tort, & de l'autre que ce Marchand de Vin que la Dame Triboulleau, ou ceux qui se mêlent de ses affaires sont en estat de faire tous les jours constituer pri-sonnier, n'a eu garde de leur refuser son témoignage, & la déposition telle qu'ils ont voulu la luy inspirer.

Le 10e témoin cité dans la Requeste, & le 21e de l'Enqueste, est Robert Descloistres, Marchand Epicier, locataire d'une maison de la Dame Triboulleau, qui dit que depuis qu'elle est veuve, il a toûjours payé les loyers qu'il devoit par quartier, que quand il demandoit à parler à la Dame Triboulleau, on le faisoit parler au sieur de Godeheu chez qui on l'envoyoit, quand il n'estoit pas chez ladite Dame, qu'il a toûjours payé au sieur de Godeheu, & qu'aprés avoir compté son argent, il voyoit que le sieur de Godeheu tiroit de son Bureau chez luy des Quittances toutes signées de ladite Dame.

L'affectation de cette déposition est évidente, aussi est-ce celle d'un locataire, qui tenant sa maison à bon marché, craint qu'on en fasse bail à un autre, & qui a inte-rest de menager par cette raison la Dame Triboulleau, & ceux qui agissent pour elle.

Mais la fausseté de la déposition de ce témoin paroistra avec évidence par l'inspection des Quittances de ses loyers, qu'il a confiées au sieur de Godeheu sous son recepissé, & qui seront jointes aux presents Contredits.

On voit par ces Quittances. 1°. Qu'elles sont écrites de suite dans un petit livre cou-vert de parchemin, qui demeuroit en la possession de ce Descloistres, ou plûtôt de ses sœurs, au nom desquelles sont la plûpart des Quittances; il n'est donc pas vray qu'il payât des loyers sur des Quittances que le sieur de Godeheu tiroit de son bureau, &

qui fe trouvaſſent toutes preparées, & ſignées d'avance par la Dame Triboulleau.

2°. Preſque toutes les Quittances inſcrites dans ce livre ſont au nom des ſœurs de Deſcloiſtres, qui apportoient effectivement les loyers de la maiſon qu'il occupe, comment donc a-t'il pû depoſer qu'il avoit toûjours porté ſes loyers, & payé entre les mains du ſieur de Godeheu ?

3°. Les deux premieres Quittances de ce livre ſont ſignées du défunt ſieur Triboulleau, mais écrites de la main d'Hebert ſon Commis, c'eſt le même qui a auſſi écrit la plûpart des Quittances de loyers qui ſont enſuite, la premiere des Quittances données par la Dame Triboulleau, qui eſt la troiſiéme du livre, eſt ſignée *Petronille de Friés*, *veuve de Monſieur Triboulleau*, & cela tout du long, & en caracteres fermes, c'eſtoit donc elle qui recevoit, & non le ſieur de Godeheu pour elle ?

4°. Deux de ces quittances, l'une du 29 Octobre 1708 ; & l'autre du 27 Octobre 1710, ſont dattées de Saint de Cloud. Le corps de ces deux quittances, eſt l'un d'une main inconnuë qui n'eſt, ni d'Hebert, ni de le Deüil ; & l'autre de celle du ſieur Jullien ; mais l'une & l'autre ſignées de la Dame Triboulleau, & (comme on vient de l'obſerver) dattées de Saint Cloud. Deſcloîtres alloit donc porter ſon argent à Saint Cloud, lors que la Dame Triboulleau y eſtoit ; & c'eſtoit d'elle-même qu'il tiroit quittance. Dans quel tems donc auroit-il remis ſes loyers au ſieur de Godeheu ?

5°. Il y a une quittance (c'eſt celle du 25 Avril 1709) qui eſt écrite de la main de le Deüil, qui l'a luy-même ſignée, marquant qu'il ſignoit pour la Dame Triboulleau ; & il eſt dit au deſſous de la ſignature, *payé à Monſieur de Godeheu* 112 *livres* 10 *ſols*.

Il reſulte de cette apoſtille, que lorſqu'un payement de loyer s'eſt fait entre les mains du ſieur de Godeheu, il en a eſté fait mention ſur la quittance ; & par conſequent qu'on ne peut pas dire qu'il ait touché les autres loyers, à l'égard deſquels il ne ſe trouve pas de pareille mention. Au ſurplus il faut obſerver que le tems dont cette quittance eſt dattée (ſçavoir le 25 Avril 1709) eſtoit celuy où la Dame Triboulleau eſtoit dangereuſement malade. C'eſt pour cette raiſon que le Deüil ſon Commis a écrit & ſigné la quittance en ſon nom ; & que le ſieur de Godeheu a receu l'argent ; mais pour l'employer à la dépenſe conſiderable qui ſe faiſoit alors dans la maiſon de la Dame Triboulleau à cauſe de ſa maladie ; & l'on ne peut pas douter qu'il ne luy ait rendu compte dans le temps de ſa convaleſcence, de ce qu'il pouvoit avoir receu pendant qu'elle eſtoit malade.

6°. Immediatement aprés la quittance du 25 Avril 1709, & ſur le verſo du même feuillet, on trouve deux quittances, l'une du quartier échu au premier Juillet de la même année, écrite de la main de le Deüil, & qu'il a encore ſignée pour la Dame Triboulleau ; l'autre eſtant enſuite, eſt écrite de la main du ſieur Julien, & ſignée *P. de Friés*, elle eſt pour le quartier d'Octobre 1709.

On voit par là que Deſcloîtres, en homme qui prend ſes ſuretés, a voulu que les deux quittances des loyers qu'il avoit payez pendant la maladie de la Dame Triboulleau, qui n'eſtoient ſignées que par le Deüil, fuſſent approuvées & confirmées par la Dame Triboulleau ; ce qu'elle faiſoit en ſignant ſur le même feuillet qui contenoit ces deux quittances, celle d'un terme depuis échu.

Encore un coup, comment accorder tout ce qui reſulte de ce livre de quittances, avec ce qu'on a fait dire à Robert Deſcloîtres ? Selon ſa dépoſition il a toûjours payé ſes loyers entre les mains du ſieur de Godeheu ; on l'envoyoit même chez le ſieur de Godeheu, quand il n'eſtoit pas dans la maiſon de la Dame Triboulleau ; & le ſieur de Godeheu en recevant de l'argent, ne faiſoit que tirer de ſon bureau des quitances toutes ſignées de la Dame Triboulleau. Que de menſonges & de fauſſetés ! puiſque l'on voit par le livre des quittances de Deſcloîtres, que c'eſt la Dame Triboulleau qui les a ſignées & remiſes au locataire, à meſure qu'il a apporté de l'argent, & qu'il a même eſté porter ſes loyers à Saint Cloud, lorſqu'elle y eſtoit.

La fauſſeté évidente de cette dépoſition ne fera-t'elle pas connoître combien il eſt dangereux d'admettre la preuve par témoins dans des Faits importans, & contre la diſpoſition préciſe des Ordonnances ? Voici un témoin qui paroît honneſte homme ; c'eſt un Marchand de cette Ville ; c'eſt au ſurplus ce qu'on peut appeller, *bonus Iſraëlita*, *in quo non eſt dolus*. Cela reſulte aſſez de la facilité qu'il a euë de donner luy-même le contre-poiſon de ſa dépoſition. Cependant cet homme s'eſt laiſſé engager à dépoſer

tout

tout le contraire de ce qui est justifié par les quittances mêmes qu'il rapporte. Il est tombé dans le cas de ceux dont parle un Historien Romain, *qui falsa aut quæ quomodo audita pro certis & compertis habent.* On luy a fait entendre qu'il falloit dire, que le sieur de Godeheu avoit tout receu, qu'il avoit des quittances toutes dressées & signées de la Dame Triboulleau, qu'il ne faisoit que tirer de son bureau. Il a eu la facilité & la complaisance de le dire, quoy qu'il eût pardevers luy la preuve du contraire.

Mais on croit pouvoir ajouter que le Contredit de la déposition de Descloîtres, doit servir à détruire toutes ces dépositions affectées de Laquais & Servantes, à qui on a fait dire qu'ils n'avoient jamais vû apporter de l'argent chez la Dame Triboulleau. Voici un locataire que l'on voit qui luy apportoit tous les trois mois de l'argent, & qui alloit même la chercher jusqu'à Saint Cloud, pour le luy donner. Ce n'estoit à la verité que 112 livres 10 sols par quartier. Mais on peut juger par ce qui s'est passé à l'égard de ce locataire, qu'il en a esté de même de tous les autres debiteurs de la Dame Triboulleau.

La Requête cite pour 11e témoin sur le Fait en question Nicolas Denis, 23e témoin de l'Enquête, qui ne parle neanmoins en aucune maniere de la recette des revenus de la Dame Triboulleau, si ce n'est en ce qu'il dépose que le Commis de la Dame Triboulleau luy a dit, que c'estoit le sieur de Godeheu qui recevoit & qui payoit tout, & estoit entierement le maître dans la maison.

Mais ce n'est ici qu'un ouy-dire d'un Commis, qui estoit le nommé Hebert, dont on a cy-dessus refuté la déposition.

Au surplus, on fera voir ailleurs que la déposition de Denis est visiblement affectée, & que son chagrin contre le sieur de Godeheu l'a fait sortir du caractère de témoin, pour faire des jugemens absolument témeraires, & pour donner ses fausses conjectures pour des especes de décision.

Anne Blondel citée pour 12e témon, & qui est le 24e de l'Enquête, ne dit pas affirmativement, & comme chose dont elle ait connoissance par elle-même, (ainsi qu'on le rapporte dans la Requête de la Dame Triboulleau,) que c'estoit le sieur de Godeheu, ou le Commis qui alloit recevoir les revenus; & que quand le Commis les avoit receus, il les remettoit au sieur de Godeheu; *mais seulement qu'elle l'a ouy-dire dans la maison*, ce qui est bien different de ce qu'elle déposeroit avoir sçû par elle-même.

On a fait voir d'ailleurs sur le premier Fait que cette fille qui sert actuellement la Dame Triboulleau, n'est pas un témoin qui puisse faire la moindre foy de ce qu'elle dépose à son avantage, & conforme aux Faits par elle articulés.

La Fontaine 26e témoin, 13e de ceux citez sur le Fait en question, est un Laquais du sieur Sevin (comme il le dit luy-même dans le préambule de sa déposition,) on luy a fait dire que c'estoit le sieur de Godeheu ou le Commis, qui recevoient pour la Dame Triboulleau; & que quand c'estoit le Commis qui recevoit, il remettoit l'argent au sieur de Godeheu.

Mais quel fond peut-on faire sur la déposition d'un témoin de cette condition, qui dépose constamment de Faits qui ne pouvoient pas estre de sa connoissance? Car il ne peut pas naturellement avoir vû ce que le Commis faisoit de l'argent, quand il l'avoit receu pour la Dame Triboulleau. S'il le remettoit à elle-même ou au sieur de Godeheu, il n'est pas de la competence d'un Laquais d'entrer dans ces détails. Hebert qui est ce Commis dont le témoin a entendu parler; Hebert dont la déposition est reprochable par tant d'endroits (ainsi qu'on l'a expliqué cy-dessus) ne pousse pas neanmoins les choses jusqu'où la Fontaine Laquais les a portées dans sa déposition. Car il ne dit pas qu'il remettoit au sieur de Godeheu tout ce qu'il recevoit, mais qu'il en donnoit quelques sommes à la Dame Triboulleau. Il dit que la Dame Triboulleau avoit de son côté un livre de recette sur lequel il écrivoit pour elle. Elle sçavoit donc bien ce qui se recevoit, & estoit toûjours en estat de s'en faire rendre compte, qui que ce fût qui l'eût touché. Enfin Hebert aprés avoir dit qu'il remettoit toutes les parties considerables au sieur de Godeheu; & que lorsqu'il les avoit remises à la Dame Triboulleau, le sieur de Godeheu qui estoit present prenoit l'argent, ajoute, *sans qu'il ait vû que la Dame Triboulleau s'en soit jamais plainte.* Or cela seul ne justifie-t'il pas qu'elle sçavoit parfaitement ce que l'argent que l'on recevoit pour elle devenoit? Au-roit-elle esté si tranquille si le sieur de Godeheu se fut approprié les parties considera-bles qui se recevoient sur ses quittances? mais sur-tout dans le tems qu'elle tenoit son menage rue du Monceau Saint Gervais? Car c'est le tems dont Hebert & la Fontaine Laquais parlent. On ne peut pas dire qu'elle fut pour lors assujettie à suivre aveuglément ce que le sieur de Godeheu pouvoit luy inspirer. Elle avoit d'ailleurs besoin de tout son argent pour soutenir la dépense qu'elle faisoit qui estoit forte, & l'on peut dire excessive.

Comment concilier ces consequences qui resultent de la déposition même d'Hebert tout parent & pensionnaire qu'il est de la Dame Triboulleau, & de ses enfans du second lit, avec ce qu'on a dicté à la Fontaine, & qu'il a recité devant Monsieur le Commissaire, tel qu'on le luy avoit suggeré?

Le 14ᵉ témoin & le 27ᵉ de l'Enquête, dont on cite la déposition sur le Fait de la recette des revenus, est Jean Dauvet, actuellement Cocher de la Dame Triboulleau, qui dit *qu'il a vû souvent le sieur de Godeheu recevoir des rentes & autre argent, qu'en arrivant chez luy il portoit tout dans son cabinet.* 1°. C'est icy un homme qui est actuellement au service de la Dame Triboulleau, en qualité de son Cocher. Il en convient dans sa déposition. Reproche qui suffit pour empêcher même la lecture de sa déposition.

2°. Au fond quoy qu'il ne soit nullement besoin d'y entrer, que dit-il? qu'il a vû plusieurs fois le sieur de Godeheu recevoir de l'argent, & qu'en arrivant, il le portoit dans son cabinet; mais il ne dit pas que cet argent fut provenu des rentes, ou autres revenus de la Dame Triboulleau. Qu'y a-t-il d'extraordinaire que le sieur de Godeheu ait receu de l'argent, & qu'il l'ait porté dans son cabinet? Il en reçoit toutes les semaines pour payer les rentes du Clergé; il reçoit d'ailleurs les rentes ou loyers qui luy sont dûs. Enfin quand même ç'auroit esté de l'argent provenant des revenus de la Dame Triboulleau; s'ensuit-il de ce qu'il l'auroit fait porter dans son cabinet, qu'il ne l'auroit pas remis à la Dame Triboulleau?

Le 15ᵉ témoin cité dans la Requeste, est le sieur de la Maillerie, 28ᵉ témoin de l'Enqueste, & qui est Commis du petit Comptant du Tresor Royal. Il dit qu'à la fin de l'année 1712, ou au commencement de 1713, il a payé au sieur de Godeheu en compensation 3400 livres pour l'année 1712 de la rente de taxations appartenante à la Dame Triboulleau; que quant à l'année 1709, il ne se souvient pas à qui il l'a payée. On infere de là par la Requeste de la Dame Triboulleau, que le sieur de Godeheu, après avoir surpris sa signature sur des quittances d'arrerages de ses rentes de taxations, s'en servoit pour compenser ce qu'il devoit à cause de sa Charge de Payeur des Rentes; & qu'ainsi il profitoit des revenus de la Dame Triboulleau.

1°. Quel préjudice pouvoit souffrir la Dame Triboulleau de ce que le sieur de Godeheu prenoit des ajustemens avec les Commis du Tresor Royal pour tirer d'eux le payement des arrerages de sa rente de taxations? c'estoit au contraire luy faciliter, & avancer son payement que de faire ces sortes de compensations, par le moyen desquelles les Commis du Tresor Royal acquittoient cette rente sans rien débourser.

Il est vray que si le sieur de Godeheu après avoir fait cette compensation avoit retenu pardevers luy le montant des arrerages, ce seroit luy qui se trouveroit avoir profité des ajustemens qu'il faisoit avec les Commis du Tresor Royal; mais il est certain au contraire qu'il a tenu compte à la Dame Triboulleau de ce qu'il avoit reçû pour elle par cette voye, puisque dés le 22 Decembre 1712 il luy a donné Quittance sur ses pensions de la somme de 2755 livres 15 sols, qui est ce à quoy revenoit à peu de chose prés l'année de la rente de taxations, déduction faite du 10ᵉ qui en avoit esté retenu au Tresor Royal.

La Dame Triboulleau ne dira point qu'elle ait payé au sieur de Godeheu cette somme de 2755 livres 15 sols, autrement que par compensation de ce qu'il avoit touché pour elle au Tresor Royal, donc elle a profité de cette année d'arrerages, & des accommodemens que le sieur de Godeheu avoit pris avec le sieur de la Maillerie pour luy en procurer un plus prompt payement; il est à observer que la Quittance de 2755 livres 15 sols, en datte du 22 Decembre 1712, est l'une des pieces que la Dame Triboulleau avoit emportées avec elle en se retirant de chez le sieur de Godeheu le 9 Fevrier 1713; ce qui fait connoître que sa retraite estoit meditée, & qu'elle avoit pris ses précautions pour se munir de partie de ses papiers: cela aura son application en son lieu.

2°. Le sieur de la Maillerie, (qui est le témoin dont il s'agit icy,) dit qu'il ne se souvient pas à qui il a payé l'année 1709, il y a apparence qu'il n'a pas voulu s'en souvenir, ou se donner la peine d'en faire la recherche, car il auroit pû trouver quelque mention sur ses livres, que partie des arrerages de la rente de taxations de 1709, sçavoir jusqu'à la somme de 1100 livres, fut payée entre les mains de Galpin, Marchand de Soye sur les Quittances que la Dame Triboulleau luy en avoit remises, c'estoit le prix d'un habit que cette veuve si simple, & si bonne menagere, (si on en croit ses enfans du second lit) s'estoit fait faire, le surplus de la rente de taxations de cette même année fut payée au nommé Desmarets; ce n'est donc pas le sieur de Godeheu qui l'a touché.

3°. Le sieur de la Maillerie ne parle que de 1709 & 1712, mais pourquoy la Dame Triboulleau n'a-t'elle pas fait entendre, ou les Gardes du Trésor Royal qui estoient en exercice en 1710 & 1711, ou leurs Commis, pour les faire déposer entre les mains de qui ils ont payé les arrerages de ces deux années, c'est sans doute que l'on a trouvé sur leurs Registres que ces payemens avoient esté faits à des étrangers porteurs de ses Quittances, si ç'avoit esté au sieur de Godeheu, on n'auroit pas manqué de les faire entendre pour en déposer.

Le 16e témoin cité sur le fait en question est le nommé du Quesnoy, 31e témoin de l'Enqueste, actuellement Laquais, & qui l'a esté de la Damoiselle de Mongé, à qui l'on fait tenir ce discours suggeré à une infinité d'autres de même calibre que luy, qu'il n'a jamais vû le sieur de Godeheu apporter de l'argent chez la Dame Triboulleau.

Mais il ne dit pas que d'autres que le sieur de Godeheu n'y en ayent pas apporté, d'ailleurs si le sieur de Godeheu avoit eu de l'argent à donner ou remettre à la Dame Triboulleau, a-t'il appellé ce Laquais occupé au service de sa maîtresse pour le voir compter?

Le 17e témoin de la Requeste, 33e de l'Enqueste, est François Cardinal, premier Commis du Trésor de Monsieur le Duc d'Orleans, qui dit qu'il a payé au sieur de Godeheu depuis 1708 & 1709 la rente dûë à la Dame Triboulleau par Monsieur le Duc d'Orleans, on induit de là que c'estoit le sieur de Godeheu qui touchoit cette partie des revenus de la Dame Triboulleau.

Mais 1°. C'estoit sur les Quittances qu'elle avoit signées, estoit-il donc extraordinaire que le sieur de Godeheu son petit Gendre allât toucher pour elle ce qui luy devoit estre payé par le Trésorier de Monsieur le Duc d'Orleans? ne sont-ce pas aujourd'huy ou son Fils ou son Gendre qui vont recevoir de la même maniere, se rendent-ils par là comptables envers elle?

2°. Le sieur Cardinal ne parle que des arrerages payez depuis 1708 & 1709, qui est ce qui a touché pour la Dame Triboulleau les années precedentes 1706 & 1707? il faut bien que ce soit ou son Commis ou quelque autre à qui elle aura donné ses Quittances en payement de ce qu'elle devoit.

3°. Le sieur Cardinal ajoûte à sa déposition (ce que l'on a jugé à propos de dissimuler dans la Requeste) *qu'il a vû la Dame Triboulleau chez le sieur de Godeheu à Saint Cloud, & qu'elle ne luy a jamais parlé si on luy devoit ou non des arrerages de sa rente*; elle sçavoit donc bien qu'elle en estoit payée, & qu'il luy avoit esté remis ou tenu compte de tout ce qui en avoit esté reçû; car autrement quelle apparence que voyant chez elle celuy qui estoit chargé de la payer, elle ne se fut pas plainte de ce qu'elle ne touchoit aucun argent de ce costé-là.

Le 18e témoin cité par la Requeste, 34e de l'Enqueste, est Nicolas de la Halle, dit Beaufort, Laquais de Monsieur Angrand Conseiller en la Cour des Aydes, & qui l'a esté de la Dame Triboulleau, qui ne dit autre chose qui ait raport au fait en question, si ce n'est qu'il n'a jamais vû entrer de Notaires chez la Dame Triboulleau avec de l'argent, & qu'il n'a point de connoissance que le sieur de Godeheu en ait aporté.

Mais 1°. c'est le discours banal de tous les Laquais qu'il a plû à la Dame Triboulleau de faire entendre, a-t'on dû les mander pour faire des Quittances de remboursement, & pour voir compter de l'argent?

2°. La maniere dont ce Laquais s'est expliqué dans sa déposition, fait connoistre qu'outre sa condition qui le rend suspect d'avoir parlé pour de l'argent qu'on luy donnoit, il avoit des sentimens de vengeance contre le sieur de Godeheu, qu'il dit qui avoit voulu le battre, donc témoin reprochable par les termes mêmes dans lesquels il s'explique.

Le 19e témoin de la Requeste, 35e de l'Enqueste, est Aspais le Franc, cy - devant Procureur en la Cour. On dit dans la Requeste que ce témoin dépose, que le sieur de Godeheu luy a avoüé qu'il s'estoit emparé de tous les biens de la Dame Triboulleau;

mais qu'il ajoute qu'elle luy en avoit fait don, (ce que dit encore la Requeste,) la Dame Triboulleau denie pofitivement; & au contraire elle demande au fieur de Godeheu compte de fes biens.

On croit pouvoir obferver d'abord qu'il doit paroître extraordinaire, que Maiftre Afpais le Franc fe foit avifé de rendre compte dans fa dépofition, d'une converfation qu'il dit avoir euë avec le fieur de Godeheu, dans le tems que le Procés d'entre les Parties eftoit fur le Bureau. Il femble à voir la maniere dont il s'explique fur ce fujet, qu'il n'ait lié cette converfation avec le fieur de Godeheu, que pour le faire parler. Mais le fieur de Godeheu le connoiffoit trop pour homme affidé au fieur de Bondis, pour luy avoir fait une veritable & fincere confidence.

Au furplus, l'on fait dire à ce témoin dans la Requefte de la Dame Triboulleau, toute autre chofe que ce qu'il a dit; car on n'y trouvera pas que le fieur de Godeheu *luy ait avoüé qu'il fe fut emparé de tous les biens de la Dame Triboulleau*, ni rien d'approchant; mais feulement que *fur ce que M. le Franc, (qui dans cet endroit s'érigeoit mal à propos en Juge,) luy dit que s'il n'avoit fait confommer à la Dame Triboulleau que fes revenus, l'on n'auroit pû y trouver à redire, le fieur de Godeheu luy répondit, elle a voulu me le donner, il n'y a rien plus beau que don*, tout ce difcours eft de la pure imagination du témoin, mais fuppofé qu'il fut veritable, on pourroit dire que le fieur de Godeheu, en luy parlant de cette maniere auroit pratiqué ce precepte, *refponde ftulto fecundùm ftultitiam fuam*; de quoy s'avifoit-il de dire au fieur de Godeheu, que s'il n'avoit fait confommer à la Dame Triboulleau que fes revenus, il n'y auroit eu rien à redire ? de quelle autorité portoit-il ce jugement, & où avoit-il pris que le fieur de Godeheu eut fait confommer à la Dame Triboulleau ou fes revenus, ou au-delà de fes revenus? le fieur de Godeheu eftoit-il Tuteur ou Curateur de la Dame Triboulleau, pour difpofer de fes biens, pour augmenter ou moderer fa dépenfe ? mais enfin ce qu'il fuffit icy d'obferver eft que par la requête de la Dame Triboulleau l'on fait parler ce prétendu confident du fieur de Godeheu autrement qu'il n'a fait, puifqu'il ne refulte nullement de fa dépofition toute affectée qu'elle eft d'ailleurs, que le fieur de Godeheu fut demeuré d'accord ou luy ait fait entendre qu'il fe fut emparé de tous les biens de la Dame Triboulleau, ce qui eft trés faux, en effet non-feulement parce que la Dame Triboulleau poffede encore prefque tous les biens qu'elle a tirés du partage de fa communauté avec le défunt fieur Triboulleau, mais parce que s'il luy en manque quelque chofe, elle en a difpofé librement, & à fon gré, comme il eft permis à toute perfonne majeure & non interdite.

Au refte ce témoin ne dépofe rien qui fe raporte au fait en queftion, & d'où l'on puiffe inferer que le fieur de Godeheu ait reçû les revenus de la Dame Triboulleau, & en ait profité, il parle du payement qui fut fait par le fieur de Valantinay d'une fomme de 600 livres pour dépens, aufquels il avoit efté condamné envers la Dame Triboulleau, c'eftoit luy le Franc qui avoit touché les 600 livres, & en avoit donné Quittance au fieur de Valantinay, il convient qu'il toucha fur cette fomme 250 livres en Billets de monnoye, qu'un écrit qui fut paffé entre la Dame Triboulleau & luy, fut écrit de la main de Chaubert lors fon Clerc, & figné de la Dame Triboulleau, il ajoûte qu'il ne fçait pas fi ce fut la Dame Triboulleau ou le fieur de Godeheu qui reçût les 350 livres en argent, cependant il convient que cet argent fut envoyé par luy dans la maifon de la Dame Triboulleau, & l'on ne peut pas raifonnablement douter que lorfqu'elle a figné la Quittance, Chaubert lors fon Clerc n'ait remis à elle-même les 350 liv. faifant partie des 600 livres qu'il avoit touchées du fieur de Valantinay, il n'y a donc rien là qui ne foit contraire au fait articulé par la Dame Triboulleau, & dont la preuve eft admife que c'eft le fieur de Godeheu qui a touché tous fes revenus depuis la mort de fon mary.

On croit pouvoir ajoûter que s'il n'eftoit pas vray que les 250 livres euffent efté remis entre les mains de la Dame Triboulleau, on n'auroit pas manqué de faire entendre fur ce Fait Maître Chaubert, à prefent Procureur, qui pouvoit feul en dépofer avec certitude, puifque c'eft luy qui a porté l'argent.

Le 20e témoin cité par la Requefte fur le fait en queftion, & qui eft le 38e de l'Enquefte, eft Sylveftre-Philippe Pera, qui fe dit Bourgeois de Paris, & qui eft actuellement Laquais (comme il convient l'avoir efté du fieur de Godeheu) ce témoin dit qu'il a efté recevoir chez le fieur d'Arboulin par ordre du fieur de Godeheu fon

Maiftre

Maiftre, & fur les quittances de la Dame Triboulleau , que le fieur de Godeheu luy remettoit les loyers que d'Arboulin devoit , & qu'il portoit l'argent chez le fieur de Godeheu.

1° La qualité du témoin fait le reproche de fa dépofition ; c'eft un Laquais qui fe déguife fous la qualité de Bourgeois de Paris ; fi l'on a bien trouvé le moyen de faire dépofer ce que l'on a voulu contre la verité prouvée par écrit au fieur Neveu Controlleur des Rentes, & à Defcloiftres Marchand ; que n'a-t'on pas pû faire dire à des gens de la qualité de Pera ?

2° Il fe trompe ou volontairement ou par erreur, en ce qu'il dit qu'il eft entré au fervice du fieur de Godeheu vers la fin de l'année 1708 ; car il eft certain, fuivant le livre du fieur de Godeheu, que Pera n'eft entré chez luy que le 24 Avril 1709, & qu'il en eft forti le 29 Juin 1710.

3° Au fond il ne refulte rien autre chofe de la depofition de ce témoin fur le fait en queftion, finon qu'il a efté recevoir les loyers dûs par le fieur d'Arboulin fur des quittances fignées de la Dame Triboulleau, qui luy eftoient remifes par le fieur de Godeheu à qui il remettoit l'argent ; il ne marque pas s'il a plufieurs fois porté des quittances & reçû les loyers ; d'ailleurs puifqu'il n'eft entré au fervice du fieur de Godeheu qu'en Avril 1709, & qu'il n'en eft forti que le 29 Juin 1710, c'eftoit pendant le temps que la Dame Triboulleau logeoit chez le fieur de Godeheu où elle eft entrée fur la fin d'Octobre 1709 ; car il eft fans apparence qu'on fe fut confié à ce Laquais auffi toft qu'il eft entré au fervice du fieur de Godeheu, pour l'envoyer recevoir de l'argent ; or il n'eft pas furprenant que pendant que la Dame Triboulleau étoit chez fon petit Gendre, on portât chez luy l'argent qui fe recevoit pour elle ; elle fçavoit bien s'en faire rendre compte, & fe le faire remettre ou imputer fur fes penfions.

La dépofition de Pera eft donc abfolument inutile foit en elle-même, ou par la qualité du témoin.

Le 21e témoin dont on cite la dépofition dans la Requefte eft feu Monfieur l'Abbé Bouret Confeiller en la Cour, 46e témoin de l'Enquefte, à qui on fait dire par la Requefte que c'eft au fieur de Godeheu qu'il a payé les arrerages de rente qu'il devoit à la Dame Triboulleau, & qu'il ne fe fouvient pas d'en avoir payé aucuns perfonnellement à la Dame Triboulleau.

La dépofition de Monfieur l'Abbé Bouret n'eft rien moins que fidellement rapportée dans cet endroit de la Requefte ; car il ne dit pas qu'il ait payé au fieur de Godeheu aucuns arrerages , mais feulement que le fieur de Godeheu luy a demandé une demi-année d'arrerages , fans ajoûter qu'il la luy ait payée (comme il y a apparence qu'il eut fait, fi cela eut efté.) Il eft vray qu'il dit qu'il ne fe fouvient pas d'avoir payé à la Dame Triboulleau elle même aucuns arrerages, mais il ajoûte qu'il ne fçait point à qui fon Laquais donnoit l'argent qu'il luy donnoit pour ce fujet.

1° Il eft plus que vray-femblable que le Laquais remettoit l'argent à la Dame Triboulleau, puifqu'il le portoit chez elle, & que c'eftoit elle qui donnoit & fignoit la quittance.

2° Si le contraire eftoit veritable, on n'auroit pas manqué de faire entendre pour l'éclairciffement du fait, le Laquais de Monfieur Bouret ; on eftoit affez dans le gouft de faire entendre des Laquais pour ne pas oublier celuy-là.

Le 22e témoin fuivant la Requefte eft Antoine François Langlumé, 49e de l'Enquefte, qui eft Commis ou Caiffier du fieur d'Arboulin Marchand de vin. La Requefte porte qu'il dit que c'eft au Sr Godeheu qu'il a payé fur les quittances de la Dame Triboulleau, dès les premieres années de fon veuvage, les loyers de la maifon de Verfailles.

On diffimule en cet endroit de la Requefte que Langlumé ajoûte *que depuis trois ou quatre années, autant qu'il s'en fouvient , il a payé à la Dame Triboulleau.* Il refulte de là que dans les années 1711 & 1712, la Dame Triboulleau a touché ellemefme les loyers deus par le fieur d'Arboulin. Donc le fieur de Godeheu ne recevoit pas toûjours pour elle. Elle fe fervoit de luy pour luy rendre ce fervice quand bon luy fembloit.

Langlumé ajoute encore, que, comme il n'a point eu de relation avec la Dame Triboulleau, il ne peut dire fi elle s'eft plainte ou non. Mais dés lors qu'il dépofe que c'eft à la Dame Triboulleau qu'il a payé depuis trois ou quatre années, il faut bien qu'il ait eu relation avec elle ; & d'ailleurs puifqu'elle a donné les quittances de ces trois ou quatre années, fans demander aucun éclairciffement fur les

E

loyers des années précedentes, n'eſt-ce pas une preuve certaine qu'elle avoit une parfaite connoiſſance de ce qu'ils eſtoient devenus, ſoit qu'elle les eut réellement touchez, ou qu'ils euſſent ſervi à acquitter ce qu'elle devoit ?

Le 23e témoin ſuivant la Requeſte, & qui eſt le 55e de l'Enqueſte, eſt le ſieur Duprat Secretaire du Roy, qui dit que quand on eſt venu luy demander les arrerages de la rente qu'il devoit, le porteur de la quittance de la Dame Triboulleau, & ſignée d'elle, luy a toûjours dit qu'il venoit de la part du ſieur de Godeheu.

Mais que s'enſuit-t'il de là ? le diſcours d'un Laquais qui aura dit qu'il venoit de la part du ſieur de Godeheu l'emportera-t'il ſur la quittance que le témoin dépoſe qui luy eſtoit remiſe ſignée de la Dame Triboulleau ? N'eſt-ce pas elle qui recevoit dés lors qu'elle donnoit la quittance ?

D'ailleurs elle eſtoit dans ce tems là en penſion chés ſon petit Gendre, puiſque le ſieur Duprat n'eſt devenu debiteur envers elle d'une rente de 287 l. 10 ſ. qu'au mois de Juillet 1710. Or qu'y auroit-t'il d'extraordinaire que le ſieur de Godeheu, pour ſe procurer le payement de la penſion de la Dame Triboulleau, eut envoyé chercher de l'argent ſur ſes quittances chez ceux qui luy en devoient ? Elle ne pouvoit payer ſa nourriture que de ſes revenus. Les quittances que le ſieur de Godeheu luy a données de ſes penſions ſur le pied de 10000 livres par an, & dont elle ne devoit, lors qu'elle eſt ſortie de chez luy le 9 Fevrier 1713, qu'une année 10 jours, prouvent qu'elle payoit à meſure que ſes revenus ſe recevoient. C'eſt donc là l'employ des arrerages de rentes qui luy eſtoient payez, ſoit qu'ils fuſſent remis à elle-meſme ou au ſieur de Godeheu pour elle, & ſur les quittances qu'elle luy remettoit ?

La Requeſte de la Dame Triboulleau porte en cet endroit, (c'eſt-à-dire, aprés avoir cité la dépoſition du ſieur Duprat) que l'on peut ajouter à ces preuves celle de l'Inſtance, par rapport aux arrerages dûs à la Dame Triboulleau par Monſieur Doublet de Crouy Maiſtre des Requeſtes.

Mais on croit pouvoir obſerver icy qu'il reſulte au contraire, de ce qu'on n'a pas jugé à propos de la part de la Dame Triboulleau de faire entendre Monſieur de Crouy comme témoin, que l'on a parfaitement compris que ſa dépoſition pourroit démentir les fauſſes inductions que l'on avoit tirées dans l'Inſtance, de la quittance qui luy avoit eſté donnée, & qu'il avoit bien voulu confier aux adverſaires du ſieur de Godeheu. En effet perſonne ne pouvoit plus ſûrement que lui rendre témoignage, ſi c'eſtoit le ſieur de Godeheu, qui avoit eſté recevoir de luy les arrerages de la rente qu'il devoit à la Dame Triboulleau. On a ſceu de Monſieur de Crouy, ce qui eſtoit trés veritable, qu'il n'avoit jamais vû le ſieur de Godeheu qui ne luy a jamais parlé. On a jugé qu'il eſtoit plus à propos de ne luy pas donner la peine de venir dépoſer.

Mais ne s'enſuit-il pas de là que quoy que Monſieur de Crouy, lors qu'il a payé une demi-année d'arrerages ſur la quittance de la Dame Triboulleau, ait ſouhaité que ſa ſignature fût certifiée par le ſieur de Godeheu, il n'eſt nullement veritable que ce payement ait eſté fait au ſieur de Godeheu, ou à quelqu'un qui ſoit venu de ſa part. Le corps de cette quittance eſt de la main du ſieur Julien, dont la Dame Triboulleau ſe ſert pour ſes affaires. C'eſt luy qui a porté la quittance, qui l'a reportée, aprés que ſur la requiſition de Monſieur de Crouy, a elle eſté certifiée par le ſieur de Godeheu. Enfin c'eſt apparemment luy-meſme, ou quelque Domeſtique de la Dame Triboulleau, qui a receu & qui a deu luy remettre l'argent, ou l'employer ſuivant ſes ordres. Le ſieur Julien que la Dame Triboulleau a fait entendre comme témoin, ni aucun autre, ne dit qu'il ait remis au ſieur de Godeheu les 1737 livres 13 ſols 6 deniers qui ont eſté payez par Monſieur de Crouy, ſur la quittance de la Dame Triboulleau.

Il ne ſera peut-eſtre pas inutile de faire en cet endroit une eſpece de ſommaire ou recapitulation de tout ce qui a eſté expliqué cy-deſſus, par rapport aux deux Faits dont on vient de diſcuter les prétenduës preuves.

Ces deux Faits tendent à prouver que le ſieur de Godeheu a eu la regie & adminiſtration des biens de la Dame Triboulleau depuis la mort de ſon mary ; l'un des deux Faits eſtant qu'il a effectivement receu tous les revenus de la Dame Triboulleau depuis ſon veuvage ; l'autre qu'il a défendu aux Commis de la Dame Triboulleau, de remettre l'argent à d'autre qu'à luy ; qu'il en a meſme chaſſé pour avoir contrevenu à ſes ordres.

Ce qui détruit d'abord invinciblement ces deux Faits , & toutes les preuves testimoniales que l'on pourroit en rapporter est, 1°. Qu'il est constant que tous les revenus de la Dame Triboulleau ont esté reçus sur ses propres quittances, dont le corps se trouve écrit par des Commis ou autres gens dont elle se servoit, & toutes signées d'elle ; aucune somme, aucune partie de ses revenus n'a esté touchée sur ses Procurations, ou comme se faisant fort d'elle.

2°. Que pendant prés de sept années qu'il y a eu d'intervalle entre la mort du sieur Triboulleau, & la sortie de la Dame Triboulleau de chez le sieur de Godeheu, elle ne s'est jamais plainte, ny en Justice, ny en particulier aux débiteurs de ses revenus, qu'elle n'en fut pas payée, plusieurs de ses témoins le disent expressément.

Donc si le sieur de Godeheu a touché quelque partie des revenus de la Dame Triboulleau sur les quittances qu'elle luy remettoit, il n'a fait en cela qu'office d'amy ; & suppléé, si l'on veut, aux fonctions d'un Commis qui auroit esté recevoir pour elle, comme font aujourd'huy le sieur de Bondis, son Fils, & ses Beaux-Freres, Gendres de ladite Dame, ou gens de leur part. Hebert convient en effet qu'il a souvent reçû en cette qualité ; or ce Commis qui touchoit sur les quittances de sa maîtresse, estoit-il comptable autrement que de la main à la main ? le silence de la Dame Triboulleau pendant prés de sept années, la declaration que ses propres témoins font qu'elle ne s'est point plainte de n'avoir pas touché ce qui luy estoit dû, ne prouvent-ils pas que le sieur de Godeheu s'est déchargé de la même maniere de ce qu'il avoit reçû pour elle, ou que les quittances luy avoient esté données à compte des pensions de la Dame Triboulleau, ou (comme on l'a dit) qu'il le luy a remis, & en un mot qu'elle a esté contente de l'employ qu'il en avoit fait.

Cependant on a fait entendre une grande quantité de témoins sur ces deux faits absolument inadmissibles aux termes de l'Ordonnance, la Requeste de la Dame Triboulleau en rappelle jusqu'à 23.

Mais 1°. Quels sont ces témoins ? il y en a 11 qui sont des Laquais ou Servantes, quelques-uns même actuellement au service de la Dame Triboulleau, en cette qualité du nombre de ces derniers sont, Mouscadet actuellement son Laquais, S. Omer, sa Femme de Chambre, Dauvet son Cocher.

Deux ou trois autres sont, ou ses parens, ou ses débiteurs, par exemple, Hebert, Cousin Germain du feu sieur Triboulleau par sa Femme, & qui est en même temps débiteur de la succession, & pensionnaire de ses Enfans, Pilleron actuellement débiteur, & qui a esté cy-devant Garçon du Cabaret du feu sieur Triboulleau.

2°. Il ne reste donc que neuf ou 10 témoins non suspects, ny reprochables par leur qualité.

Mais on vient de faire voir que leurs dépositions se détruisent, ou par les contradictions qui s'y rencontrent, ou par des preuves par écrit qui sont formellement contraires à ce qu'on leur a fait dire.

Rien ne paroît par exemple mieux circonstancié que la déposition du sieur Neveu, Contrôleur des Rentes, quand le sieur de Bondis ou ses Beaux-freres l'auroient euxmêmes dictée , elle n'iroit pas mieux à leurs fins, qui estoient de faire voir que le sieur de Godeheu avoit touché par le ministere du Sr Levé tous les arrerages des rentes sur la Ville, & les avoit appliquez à son profit particulier, par des compensations avec le sieur Levé, mais que trouve-t'on ? que ce que le sieur Neveu a dit (sur ce qu'il s'est apparemment persûadé qu'il estoit veritable) est démenti par des Actes par écrit.

Il en est de même de la déposition de Robert Descloistres, Marchand Epicier, honneste homme, mais simple & facile à prevenir. Ce qu'on luy a inspiré va directement à la preuve du Fait de la regie des revenus par le sieur de Godeheu, à qui il dit qu'il a toûjours payé ses loyers, & que le sieur de Godeheu aprés avoir reçû son argent ne faisoit que tirer de son Bureau chez luy des quittances toutes preparées, & signées de la Dame Triboulleau.

Mais ce bon homme, entraîné par les discours des Emissaires de la Dame Triboulleau, ne s'est pas souvenu que ses quittances estoient toutes de suite sur un livre qu'il avoit, & qu'il portoit jusqu'à S. Cloud, lorsqu'il y alloit payer ses loyers à la Dame Triboulleau, sa bonne foy a fait qu'il a bien voulu remettre au sieur de Godeheu ce livre qui détruit tout le discours de sa déposition.

On ne repetera point les obſervations faites ſur les autres dépoſitions, mais on ne peut s'empêcher de ſupplier encore icy la Cour de faire attention ſur le peu de cas qu'elle doit faire des dépoſitions de Parens, Laquais, Débiteurs, & autres que l'on a fait entendre, lorſqu'elle voit que des étrangers non ſuſpects en apparence, du moins non reprochables par leur condition, ſe ſont laiſſez aller à dépoſer des Faits évidemment faux, & contredits par des pieces, *ſi hoc in viridi, quid in arido?* quand on voit des dépoſitions de témoins non reprochables s'écarter totalement de la verité en faveur des parties du ſieur de Godeheu, quelle opinion peut-on avoir de ceux que leur eſtat de Domeſtiques, de Parens, ou Débiteurs aſſujettit à ſuivre les mouvemens de ceux qui les font entendre comme témoins?

Il y a apparence que la Cour portera encore ſes reflexions plus loin, en conſiderant pour s'en ſervir dans une autre cauſe, combien il eſt dangereux d'abandonner à la preuve par témoins, ce que les Ordonnances, tant anciennes que nouvelles, & dont la premiere, qui eſt celle de Moulins, eſt l'ouvrage du conſentement unanime des trois Etats du Royaume, ont voulu qui ne pût eſtre prouvé que par écrit.

QUATRIE'ME FAIT.

Que le ſieur de Godeheu a vendu & receu le prix de partie des Meubles de la Dame Triboulleau, & s'en eſt approprié une autre partie.

L'on obſervera d'abord que la preuve de ce Fait ne devoit naturellement pas eſtre admiſe par témoins. Il eſt des premiers principes de noſtre Droit, que les meubles n'ont point de ſuite; ce qui s'entend non ſeulement pour dire qu'ils ne ſont point ſuſceptibles d'hypoteque; mais encore qu'ils ſont toûjours reputez appartenir à celuy qui s'en trouve poſſeſſeur. Ils paſſent d'une main à une autre par la ſeule tradition, ſoit que cette tradition ſoit faite à titre de vente ou de donation.

Une ſeule voye eſt ouverte à celuy qui ſe trouve depouillé ſans ſon conſentement de la poſſeſſion de ſes meubles; c'eſt la plainte en Juſtice du vol qui luy en a eſté fait, & la revendication de ce qui luy a eſté mal pris, s'il eſt encore en la poſſeſſion de celuy qui s'en eſt emparé.

Le Fait articulé par la Dame Triboulleau eſt que le ſieur de Godeheu a vendu ſes meubles, en a receu le prix, & ſe l'eſt approprié. Cela ne peut eſtre arrivé que ſur la fin de 1709, lors que la Dame Triboulleau a quitté ſa maiſon ruë du Monceau Saint Gervais, pour venir loger chez le ſieur de Godeheu. Or comment concevoir que ſi le ſieur de Godeheu s'eſtoit dans ce tems là induëment emparé des meubles de la Dame Triboulleau, elle l'eût ſouffert ſans s'en plaindre, & ſans luy en demander raiſon, qu'elle eût gardé le ſilence ſur cela pendant prés de quatre années?

Une autre obſervation eſt qu'il ſe voit par l'Inventaire, fait aprés le decés du ſieur Triboulleau, qu'il ne s'eſt trouvé dans la maiſon de Paris qu'environ pour 7000 l. de meubles, y compris le linge, le peu de bijoux de la Dame Triboulleau, & les habits à ſon uſage, l'on conçoit aiſément qu'en quittant ſa maiſon, & ſon menage pour ſe mettre en penſion chez ſon petit Gendre, elle ſe ſera défait de quelque partie de ſes meubles qui luy devenoit inutile, il s'eſt conſtamment trouvé des meubles dans ſon appartement, lorſqu'elle eſt ſortie de chez le ſieur de Godeheu, elle en avoit auſſi à S. Cloud qu'elle a fait retirer depuis l'Inſtance commencée, à quoy pouvoient donc aller les autres meubles que l'on prétend que le ſieur de Godeheu s'eſt appropriés?

S'il en a eſté vendu, n'eſt-il pas plus que vray-ſemblable qu'elle en a touché le prix? s'il y en a quelques-uns qui ſoient reſtez au ſieur de Godeheu, a-t'il eu beſoin d'autre titre pour les garder, que de les avoir payez? & eſt-il à préſumer que la Dame Triboulleau, ſi elle n'en avoit pas reçû le prix, eut manqué à s'en plaindre pendant prés de 4 années qu'elle a demeuré chez luy? encore un coup la preuve du contraire de ces Faits eſt-elle recevable par témoins en matiere purement civile?

Voyons cependant quels ſont les témoins que l'on cite ſur ce Fait dans la Requeſte de la Dame Triboulleau.

Le premier eft Jacqueline Varin , 3e témoin de l'Enquefte, la Requefte porte que cette témoin dit *qu'elle a vû emporter les meubles de la Dame Triboulleau chez le fieur de Godeheu , qu'il en vendit , & qu'il en reçût le prix.* Il faut ou que celuy qui a fait la Requefte, n'ait pas bien lû l'Enquefte, ou que la copie qu'il en fait fignifier ne foit pas fidelle, car on n'y trouve rien de ce que l'on prétend que Jaqueline Varin a dépofé fur le fait des meubles; elle dit feulement que lorfque la Dame Triboulleau fe retira chez le fieur de Godeheu, elle la laiffa dans la maifon jufqu'à ce qu'on en eut ofté tous les meubles, & que la maifon eut efté loüée ; ce n'eft pas dire qu'elle ait vû emporter les meubles chez le fieur de Godeheu , ny encore moins qu'il en vendit , & en reçût l'argent.

Les 2e & 3e témoins font Poncelet Morlet Garçon de Leguillon Tapiffier, & Leguillon fon Maiftre , qui difent que le fieur de Godeheu a fait porter dans la maifon de faint Cloud deux lits de repos couverts de brocatelle, & qu'il fit recouvrir de ferge rouge qui eftoit auparavant en rideaux. Leguillon ajoûte que le fieur de Godeheu a fait accommoder des matelas dont quelques-uns appartenoient à la Dame Triboulleau.

Voilà fans doute des faits bien graves & bien importans à relever , il falloit que la brocatelle des lits de repos fut bien ufée , pour eftre obligé de les recouvrir de ferge rouge ; mais tels qu'ils eftoient auffi bien que les matelas que Leguillon dit qui appartenoient à la Dame Triboulleau, ou elle les a vendus au fieur de Godeheu qui les luy a payez, ou elle luy en a fait prefent, pour les porter à faint Cloud, où ces meubles luy fervoient dans le temps qu'elle y eftoit.

Le 4e qui eft Michel Dubuiffon, 12e témoin ne dit autre chofe, finon qu'il a vû emporter les meubles de la Dame Triboulleau chez le fieur de Godeheu à Paris ou à faint Cloud.

Il falloit bien que ces meubles fuffent tranfportez chez le fieur de Godeheu , puifque la Dame Triboulleau n'avoit plus d'autre endroit à les mettre, & qu'il luy en falloit pour fes appartemens de Paris & de faint Cloud ; cela prouve-t'il que le fieur de Godeheu fe les foit appropriés, ou qu'il les ait vendus pour fon compte?

Le 5 qui eft le nommé Henry, 15e témoin, dit qu'il a envoyé au fieur de Godeheu de Coulange à Paris une Fontaine de Cuivre, & deux paires de Chenets, s'enfuit-il delà que le fieur de Godeheu ait, ou retenu ces deux meubles, ou qu'il les ait vendus, & en ait retenu l'argent , la Dame Triboulleau n'eft-elle pas au contraire cenfée en avoir difpofé?

Le 6e eft la nommée Defchamps, 16e témoin, actuellement Cuifiniere, & qui a fervi la Dame Triboulleau en cette qualité, elle dit qu'elle a vû emporter les meubles de la Dame Triboulleau chez le fieur de Godeheu, excepté quelques-uns qu'il vendit à un Fripier, que le fieur de Godeheu luy fit tirer toute la batterie de Cuifine , qu'elle l'a vûë dans la Cuifine du fieur de Godeheu, qu'à l'égard de la vieille il l'a fit mettre dans un coin.

Que refulte-il de tout cela ? les meubles de la Dame Triboulleau ont efté portez chez le fieur de Godeheu, lorfque la Dame Triboulleau eft venu loger chez luy , elle ne pouvoit pas les mettre ailleurs.

Le fieur de Godeheu en a vendu quelques-uns à un Fripier, c'eft ce qu'a expliqué plus au long la Fontaine 26e témoin, dont on ne raporte point dans la Requefte de la Dame Triboulleau la dépofition qu'il a faite fur ce fujet, il dit qu'il a vû vendre pour 26 ou 27 livres de vieux meubles de la Dame Triboulleau, dont il croit que le fieur de Godeheu a remis l'argent à la Dame Triboulleau, ce font donc de vieux meubles vendus pour 26 ou 27 livres , & l'argent remis à la Dame Triboulleau.

La Defchamps ajoûte qu'elle a vû dans la Cuifine du fieur de Godeheu partie de la batterie de Cuifine de la Dame Triboulleau, qu'il fit remettre la vieille dans un coin ; le même la Fontaine dit que le fieur de Godeheu fit mettre la batterie de Cuifine de la Dame Triboulleau dans une foufpente, & qu'il ne s'en eft pas fervi, comment accorder ces deux dépofitions qui fe contredifent fur le fait de cette batterie de Cuifine ?

Mais en préfupofant même veritable ce qui eft dit par la Defchamps, qu'en refulte-t'il ? fi le fieur de Godeheu s'eftoit fervi de partie de la batterie de Cuifine de la Dame Triboulleau , c'eft ou qu'elle la luy avoit donnée, ou qu'elle la luy avoit venduë, avoit-il befoin d'un titre par écrit pour en acquerir la proprieté?

Le 7e témoin cité par la Requefte , & qui eft le 17e de l'Enquefte, eft Charles Marin actuellement Cocher , & qui l'a efté de la Dame Triboulleau pendant prés de trois années, qui dit que le sieur de Godeheu a fait porter chez d'Hostel les meubles de la Sale basse, ensemble les trumeaux de glaces, qu'à l'égard des autres il les a fait emporter chez luy, & que ce qui ne pouvoit pas servir, il le fit vendre pendant que la Dame Triboulleau estoit allée chez luy.

Il ne resulte rien de cette déposition qui puisse charger le sieur de Godeheu d'un compte des meubles de la Dame Triboulleau, s'il a fait porter chez d'Hôtel partie des meubles de la Dame Triboulleau, ç'a esté par son ordre, & elle en a touché l'argent, puisque depuis 1709 qu'elle s'est retirée dans la maison du sieur de Godeheu, elle ne s'est point plainte que le sieur de Godeheu eut retenu le prix de ces meubles, il en a fait porter chez luy, il falloit bien qu'on y fit porter ceux qui devoient meubler l'appartement de la Dame Triboulleau, il fit vendre ceux qui ne pouvoient pas servir, cela cadre avec la déposition de la Fontaine, 26e témoin, qui dit qu'il en fut vendu à un Fripier pour 26 ou 27 livres.

Pierre le Deüil, 19e témoin de l'Enqueste, dit que le sieur de Godeheu vendit un Carosse, appartenant à la Dame Triboulleau, & qu'il en reçût l'argent, qu'il vendit aussi deux tuyaux de plomb, & une Fontaine qui venoient de Montmartre.

1°. L'on a expliqué cy-dessus les reproches pertinents, proposés contre ce témoin, débiteur de la succession, & qui s'est contredit luy-même dans sa déposition.

2°. Ce qu'il dit du plomb vendu par le sieur de Godeheu se trouvera détruit, par une piece du nombre de celles que la Dame Triboulleau a esté obligée de representer, en consequence de la Sentence de la Cour du 8 Aoust 1715. Cette piece est la premiere de la cotte 20, & aussi la premiere de la cotte I, de la production faite par la Requeste de la Dame Triboulleau du 19 Aoust 1715, c'est une quittance de la veuve Rouland, Marchande Plombiere, en datte du 23 Juin 1707, qui porte que la Dame Triboulleau avoit donné au Plombier 140 livres de vieux plomb, dont il luy est tenu compte par le Memoire. Le sieur de Godeheu n'a donc pas vendu ce plomb, & n'en a point touché d'argent ? c'est la Dame Triboulleau elle-mesme qui en a disposé. Ainsi la déposition de le Deüil est fausse sur ce Fait, aussi-bien que sur les autres.

La déposition d'Anne Blondel, que l'on cite pour 9e témoin sur le Fait des Meubles est plus que reprochable, (ainsi qu'on l'a expliqué cy-dessus,) puisqu'elle est actuellement au service de la Dame Triboulleau. Mais d'ailleurs sa déposition est inutile sur le Fait dont il s'agit; puisqu'elle dit seulement que lors que la Dame Triboulleau sortit de sa maison, on fit détendre ses Meubles en sa presence. Ce n'estoit donc pas ni à son insçû, ni pour de la part du sieur de Godeheu se les approprier, puisque cela se faisoit en sa presence ?

Le 10e témoin cité par la Requeste, est le nommé la Fontaine, 26e témoin de l'Enqueste, qui dépose qu'il a veu dans l'appartement de la Dame Triboulleau à Saint Cloud, une Brocatelle de Venise, sur quoy l'on dit par la Requête que c'est cette Brocatelle que l'on a revendiquée de la part de la Dame Triboulleau dans le procés verbal fait à Saint Cloud, & la même dont il a esté depuis fait une reclamatoin chez le nommé Callet Marchand, à qui le sieur de Godeheu en a, dit-on, vendu vingt-quatre morceaux.

Ce témoin s'est grossierement trompé dans sa déposition sur le fait de la Brocatelle, qu'on luy a fait dire qu'il avoit veuë dans l'appartement de la Dame Triboulleau à Saint Cloud ; car le procés verbal fait à Saint Cloud, lors qu'on est venu y reprendre les Meubles de la Dame Triboulleau, (lequel procés verbal est produit au procés,) justifie que l'appartement que la Dame Triboulleau y occupoit, estoit boisé du haut jusqu'en bas. Il n'estoit donc point tendu de Brocatelle de Venise, & ne l'a jamais esté.

La reclamation que l'on dit avoir esté faite chez Callet de 24 morceaux de cette Brocatelle, ne peut servir à justifier le Fait avancé, que le sieur de Godeheu a disposé d'une Brocatelle appartenante à la Dame Triboulleau, puisque l'on n'a rien trouvé chez Callet. Si le sieur de Godeheu luy a vendu quelques morceaux de Brocatelle ou d'autres étoffes, ils luy appartenoient, & non à la Dame Triboulleau.

Le 11e témoin de la Requeste, 31e de l'Enqueste, dépose qu'il a veu le sieur de Godeheu vendre des Meubles de la Dame Triboulleau à d'Hôtel. Que s'ensuit-il de là ? ce n'a pû estre que de l'ordre de la Dame Triboulleau, & pour luy en remettre l'argent.

Le 12e témoin, qui est le 48e de l'Enqueste, est d'Hôtel, qui dit seulement qu'on luy a fait voir des Meubles dans une maison appartenante à la Dame Triboulleau, qu'il ne sçait s'il a acheté ou non. Voilà sans doute une déposition qui meritoit bien d'estre relevée de la part de la Dame Triboulleau. D'Hôtel ne sçait s'il a acheté de ces Meubles ou non ; mais supposé qu'il en ait acheté, (ainsi que d'autres témoins le disent,) la preuve que le sieur de Godeheu en a remis l'argent à la Dame Triboulleau, est qu'elle ne s'est jamais plainte qu'il l'eût retenu ; si ce n'est depuis qu'elle s'est retirée chez son fils, & qu'on a commencé le procès sous son nom. Il y a cependant un intervalle de prés de 4 années entre la pretenduë vente des Meubles, & sa sortie de chez le sieur de Godeheu.

Le 13⁰ qui est le 51⁰ de l'Enqueste, est François Berger, qui dit qu'il a veu sortir plusieurs chariots de meubles de chez la Dame Triboulleau, pendant qu'elle demeuroit ruë du Monceau Saint Gervais, qu'il eut la curiosité de demander si elle délogeoit, qu'on luy dit que l'on menoit ses meubles à Saint Cloud.

Mais *Quid inde* ? il falloit bien, puisque la Dame Triboulleau alloit passer l'Eté à Saint Cloud, où elle tenoit son ménage dans les premieres années, qu'elle y fit porter des meubles pour meubler son appartement. Cela prouve-t'il le Fait articulé que le sieur de Godeheu a vendu partie des meubles de la Dame Triboulleau, & en a receu l'argent, & qu'il s'est approprié le surplus ? Au reste ce témoin dont la déposition est inutile sur le Fait en question, est reprochable. Il est Cousin de la Femme du sieur Triboulleau de Bondis, que l'on sçait estre l'une des veritables Parties du sieur de Godeheu, sous le nom de sa mere.

CINQUIE'ME FAIT.

Que le sieur de Godeheu a brûlé un nombre considerable de Papiers, parmy lesquels il y avoit des Regîstres ; & ce dans la maison de la Dame Triboulleau, peu de jours aprés sa sortie.

On observera d'abord que ce Fait est tout-à-fait inutile & indifferent ; par rapport à la contestation dont il s'agit ; car que peut-il avoir de commun avec la demande de la Dame Triboulleau, à ce que le sieur de Godeheu soit tenu de luy rendre compte de ses biens ? Supposé que le sieur de Godeheu eût fait brûler des Papiers, il est plus que naturel de croire qu'ils estoient inutiles à la Dame Triboulleau , autrement quel interest auroit-il eu de les brûler ? Peut-on concevoir que ce fussent des Papiers qui le chargeassent de la regie des biens de la Dame Triboulleau ? De quelle espece auroient-ils esté ? Ce ne pouvoit pas estre des titres de ses biens, ils estoient compris dans l'Inventaire fait aprés le decés du sieur Triboulleau, & ils se trouvent encore en nature aujourd'huy, à la reserve des Contrats de Rentes ou autres Actes, qui ont esté remis aux debiteurs, lors qu'ils se sont acquitez. Ce n'estoient pas des quittances à la décharge de la Dame Triboulleau ; elle rapporte toutes celles des payemens qu'elle a faits depuis qu'elle est veuve. Encore un coup, qu'est-ce que pouvoient donc estre ces Papiers que l'on impute au sieur de Godeheu d'avoir fait brûler ? & quel rapport ont-ils avec la demande d'un compte ?

Mais, dit on, il y avoit des Papiers, des Regîstres. Si cela est, ce ne pouvoient estre que des livres tenus par le sieur Triboulleau, pendant qu'il avoit fait le negoce de Vin, Regîstres devenus entierement inutiles, & mesme à charge depuis son decés. Ce n'estoient point des Titres de Noblesse pour sa Famille, qui dussent être (comme il se pratique dans ce cas) remis à l'aîné.

Si l'on pretend que ce fussent des Regîstres tenus par la Dame Triboulleau, depuis le decés de son mary, quel interèt le sieur de Godeheu auroit-il eu de les brûler ? ils ne pouvoient servir qu'à justifier (ce qui est d'ailleurs tres certain & suffisamment prouvé contre la pretention de la Dame Triboulleau) que c'étoit elle-même qui regissoit son bien, & qui en femme prudente tenoit elle-même un état de sa recette & de sa depense : ce Fait est en effet tres veritable. Hebert l'un des témoins affidés des Enfans de la Dame Triboulleau, dont il est parent, debiteur & pensionnaire, l'a luy-même dit dans sa deposition, & peut-être que les Regîstres dont il a parlé ne sont pas si fort égarés que la Dame Triboulleau ne puisse les representer ; ainsi qu'elle a déja representé ceux qu'elle avoit emportés en sortant de la maison du sieur de Godeheu, & lors qu'elle en est sortie, qui n'ont pas été inventoriés.

Ce que l'on dit par la Requête de la Dame Triboulleau, au sujet des depositions des témoins sur le Fait du pretendu brûlement de papiers, fait connoître que ceux qui luy donnent conseil, l'ont jugé tres peu digne d'attention ; car ils passent tres legerement sur ces depositions.

Il ne sera pourtant pas inutile d'observer que les témoins que l'on a fait entendre de la part de la Dame Triboulleau, ont fait connoître dans leurs depositions, sur ce Fait tout inutile qu'il est, leur devoüement pour ceux qui les payoient & les faisoient parler, ce qui sert à rendre leur deposition entierement suspecte, par rapport à d'autres Faits dont ils ont parlé.

Premiere observation, Jacqueline Varin 3ᵉ témoin de l'Enqueste (on n'a pas jugé à propos dans la Requête de la Dame Triboulleau, de rappeller sa deposition sur le Fait dont il s'agit) dit qu'elle a vû après la sortie de la Dame Triboulleau, le sieur de Godeheu traîner avec ses Laquais un coffre plein de papiers & de parchemins, jusque dans la cour de derriere, où il fit tout brûler devant luy, elle ajoûte qu'ayant voulu ôter quelques parchemins, elle en fut empêchée par le sieur de Godeheu qui fit tout brûler, qu'elle n'a point vû que le sieur de Godeheu ait pris des papiers dans le Cabinet de la Dame Triboulleau pour les faire brûler.

Il faut rapporter tout de suite la déposition de Leguillon , 8ᵉ témoin *qui dit qu'il n'a point vû de coffre-fort, où il y eut des papiers, qui ait esté traîné dans la petite cour pour estre brûlez.*

On supplie la Cour de faire attention sur les termes de ces deux dépositions, où l'un des témoins dit *qu'il a vû traîner un coffre* , & l'autre *qu'il n'a point vû traîner de coffre* ; les termes dans lesquels ces deux témoins se rencontrent, mais pour se contredire, ne font-ils pas voir qu'ils ont entendu la déposition l'un de l'autre ? ce n'est pas chez Monsieur le Commissaire , car l'Ordonnance défend que les témoins soient entendus en presence l'un de l'autre, mais il faut qu'en repetant leur leçon chez l'une des parties du sieur de Godeheu ils se soient exprimez de cette maniere , & ils auront imprudemment continué de s'exprimer de même devant Monsieur le Commissaire.

Au surplus, ces dépositions, telles qu'elles font, prouvent de plus en plus l'inutilité du Fait; on voit que les papiers brûlez ne pouvoient estre autre chose que des paperasses inutiles, la Varin vouloit en prendre des parchemins, on l'en a empêché , elle convient que les papiers brûlez ne venoient point du Cabinet de la Dame Triboulleau, qu'est-ce que ce pouvoit donc estre ? que des paperasses à vendre à la livre, si l'on n'avoit pas jugé plus à propos de les brûler.

Il a déja esté observé cy-dessus à l'occasion des deux & troisiémes Faits, que Pierre le Deüil, 19ᵉ témoin de la Requête, cité sur le Fait en question, se découvre luy-même pour faux témoin à cet égard, puisqu'il dit avoir vû brûler des papiers par la fenêtre de sa loge de portier, lorsqu'il est certain que les papiers n'ont constamment été brûlés qu'au mois d'Octobre ou Novembre 1709, & que selon luy-même le sieur de Godeheu l'avoit fait sortir de la maison cinq ou six mois auparavant.

Ce que les autres témoins cités dans la Requête de la Dame Triboulleau ont deposé sur ce Fait, revient à la même chose.

La Halle, dit Beaufort, 34ᵉ témoin, dit que les papiers qui furent brûlés dans la petite cour avoient été pris, tant dans une autre chambre que dans un petit cabinet où ils étoient, & dans deux coffres qui étoient au troisiéme étage, n'est-il pas évident par l'endroit d'où ces papiers furent tirés, que ce n'étoient que de méchantes paperasses inutiles à garder ; & qui n'auroient pû qu'occuper mal à propos quelque partie d'un grenier ? la Dame Triboulleau n'a pas jugé à propos de les vendre, il s'y trouve quelquefois des pieces ou des lettres que l'on ne veut pas qui puissent tomber en des mains étrangeres ; elle a mieux aimé qu'ils fussent brûlés : où n'arrive t'il pas qu'on en use de même pour purger & debarasser un grenier de paperasses qui ne font d'aucun usage ?

La Cour voit donc que ce Fait tres mal à propos allegué par les Parties du sieur de Godeheu, tres inutilement admis, puisqu'il n'a rapport à rien, ne peut servir par le dépouillement des témoins que l'on a fait déposer, qu'à les convaincre d'un devoüement entier pour la Dame Triboulleau, & ceux qui la font agir, ce qui doit produire le rejet entier de leur deposition sur d'autres Faits.

SIXIE'ME

SIXIE'ME FAIT.

SEPTIE'ME de ceux qui font proposés de la part de la Dame Triboulleau.

Que le fieur de Godeheu a exigé du fieur Gaultier un pot de vin de la fom-
me de 500 liv. pour luy faciliter la ceffion du Bail de la Maifon où la
Dame Triboulleau demeureit.

Même obfervation que fur le Fait precedent. Quel rapport celui cy peut-il avoir
avec la demande de la Dame Triboulleau, avec l'objet qu'elle a de rendre le fieur
de Godeheu comptable de fes biens depuis fon veuvage ?

Que le fieur de Godeheu ait pris ou non un pot de vin du fieur Gaultier, pour
luy procurer la ceffion du Bail de la Dame Triboulleau, s'enfuivra-t'il qu'il fe foit
rendu maître de fes revenus, & qu'il ait regi fes biens en exigeant du fieur Gaultier (fi le Fait étoit veritable) une fomme de 500 liv. pour luy procurer de la part
des Adminiftrateurs de l'Hôpital general, la ceffion du Bail de la maifon que la
Dame Triboulleau quittoit ? aura-t'il rien pris de ce qui appartenoit à la Dame Triboulleau ? ce feroit avoir exigé du fieur Gaultier, la recompenfe du fervice qu'il luy
rendoit ; mais ce ne feroit pas s'être approprié quelque chofe qui appartînt à la
Dame Triboulleau.

Le Fait n'a donc dû être ny allegué ny admis par rapport à la conteftation dont
il s'agiffoit.

Voyons pourtant, quoique fans neceffité, ce que les témoins ont depofé fur ce
Fait.

Pierre Gaultier 45e témoin dit avoir fait fon billet au fieur de Godeheu de 500
liv. pour luy avoir procuré la ceffion du Bail de la Dame Triboulleau, que dans
toute cette negotiation il ne vit point la Dame Triboulleau, & il ajoûte que le
fieur de Godeheu ne luy tint pas la parole qu'il luy avoit donnée, parce qu'il ne
luy fit pas avoir le Bail de la Dame Triboulleau, pour le même prix qu'elle en
donnoit.

Que s'enfuit-il de-là ? 1°. Suppofé que la Dame Triboulleau eut eu intention
de faire quelque profit fur la ceffion de fon Bail, ne pourroit-il pas être que le
fieur de Godeheu luy auroit remis les 500 liv. de pot de vin de Gaultier ? il
n'y a rien de contraire à cela dans la depofition.

2°. Mais préfuppofons que le fieur de Godeheu ait pris pour luy les 500 liv. de
pot de vin de Gaultier, quelle confequence en peut-on tirer, c'étoit luy qui s'of-
froit de menager pour Gaultier la ceffion du Bail de la Dame Triboulleau, c'eft
luy en effet qui s'en eft mis en peine, & qui y a réüffi, *quid de genere malorum ?*
qu'il eut profité de la gratification que Gaultier vouloit bien faire à celuy qui luy
procureroit ce Bail.

Quant à ce que le témoin ajoûte que le fieur de Godeheu ne luy a pas tenu parole,
c'eft fauf le refpect de la Cour une pure fuppofition, puifqu'il convient d'avoir eu effectivement la ceffion du Bail ; il eft vray que les Adminiftrateurs de l'Hôpital General
ne l'ont pas voulu laiffer au même prix que la Dame Triboulleau le tenoit depuis trés
long-temps, mais il en a eu la préference fur des Marchands de Vin, qui en offroient
100 l. plus que luy, & il n'a eu cette préference qu'à la follicitation du fieur de Godeheu.

L'on croit devoir ajoûter icy une obfervation qui pourroit feule fuffire pour faire
rejetter la depofition de ce témoin, qui contient deux Faits abfolument faux, & dont
la fauffeté eft prouvée par fon propre écrit.

Il dit que le fieur de Godeheu exigea de luy, qu'il fe chargeât du nettoyement
des vîtres, & que dans toute la négotiation qu'il fit au fujet du Bail, il ne vit point la
Dame Triboulleau.

Le contraire de ces deux Faits eft nettement prouvé par une piece produite par la
Dame Triboulleau, cottée Q. piece paraphée 284.

Cette piece eft le traité par lequel Gaultier a accepté la ceffion du Bail de la Dame
Triboulleau, on trouve fur le verfo de cette piece un Receu écrit de la main de Gaultier,
& paraphé de luy, conçû en termes ; *je reconnois avoir reçû 32 livres pour le lavage*

des vîtres des mains de *Madame Triboulleau*, dont le lavage des vîtres luy a esté payé, & il n'est vray que le sieur de Godeheu ait éxigé de luy, qu'il s'en chargeât gratuitement, donc il n'est pas vray qu'il n'ait point parlé à la Dame Triboulleau, puisque c'est de ses mains qu'il a reçû les 32 livres pour le lavage des vîtres.

François Berger, 51e témoin, dépose sur le Fait en question la même chose que Gaultier, & leurs dépositions à cet égard paroissent copiées l'une sur l'autre, aussi font-ce deux Beaux-Freres, qu'il est naturel de présumer qui ont concerté ce qu'ils auroient à dire dans l'Enqueste, pour laquelle ils estoient assignez : quoyqu'il en soit, ce qui vient d'estre dit sur la déposition de Gaultier, suffit pour détruire celle de François Berger.

SEPTIE'ME FAIT,

HUITIE'ME SUIVANT LA REQUESTE.

Que le sieur de Godeheu a fait toute la dépense de la maison, tant de bouche qu'autre, depuis le decés du sieur Triboulleau, jusqu'au temps que la Dame Triboulleau a esté demeurer chez luy.

HUITIE'ME FAIT.

Qu'il a compté avec tous les Marchands, & autres qui ont fourny les habits & linges de la Dame Triboulleau, & les a payez.

NEUVIE'ME FAIT,

DIXIE'ME SUIVANT LA REQUESTE.

Que depuis la demeure de la Dame Triboulleau chez le sieur de Godeheu, il a continué de faire la dépense, tant pour l'entretien de son Carosse & de ses Chevaux, que pour le payement des gages de ses Domestiques, & de quelques arrerages de rente qu'elle pouvoit devoir.

L'on a joint ces trois Faits dans la Requeste de la Dame Triboulleau, & l'on a eu raison de les joindre, comme estant de même espece, & tendants les uns & les autres à establir la preuve d'une regie & administration des biens de la Dame Triboulleau par le sieur de Godeheu.

En effet s'il estoit vray, (comme les parties du sieur de Godeheu l'ont articulé,) que ce fut luy qui eut payé toute la dépense, tant de bouche qu'autre, depuis le decés du sieur Triboulleau, jusqu'au temps que la Dame Triboulleau s'est retirée chez le sieur de Godeheu, qu'il eut compté avec tous les Marchands & autres, & les eut payez, enfin que depuis la demeure de la Dame Triboulleau chez luy, il eut continué de se mêler de toutes les dépenses qui la concernoient pour gages de Domestiques, entretien de son Carosse, & payement des arrerages de Rente qu'elle devoit, la consequence paroistroit assez juste que le sieur de Godeheu seroit entré dans un détail entier de la regie des biens de la Dame Triboulleau.

Et neanmoins on croit pouvoir dire qu'il ne s'ensuivroit pas de là qu'on pût le rendre comptable de ses biens. On ne devient point comptable envers un autre, du moins en Justice, pour se mêler sous ses yeux du détail de ses affaires, & de sa dépense. Quand c'est un étranger qui entre dans ce détail, il est censé le faire comme Domestique, & chargé de cet employ en qualité d'Intendant ou de Maître d'Hôtel. Lors que c'est un Parent, & sur-tout un Fils ou un Gendre, on doit croire qu'il ne le fait que pour le soulagement de sa Mere ou Belle-Mere, & qu'il luy a rendu compte journellement, ou en tout cas, de temps en temps, de ce qu'il a fait.

Celuy là seul est comptable d'une pareille regie qui s'y est immiscé, ou en vertu d'une Procuration generale ou d'Office, pendant l'absence de celuy dont il a geré les affaires. Car il est bien certain suivant les principes du Droit, que ce qu'on y appelle *Negotiorum Gestor* est celuy *qui absentis negotia gerit*, & jamais celuy qui se mêle de quelque détail des affaires d'une personne présente, parce qu'en ce cas il n'est censé estre entré dans ce détail qu'autant que celuy pour qui il a agi l'a bien voulu, & luy en avoir rendu compte verballement à mesure qu'il s'en est mêlé.

Dans quelle efpece nous trouvons-nous ? La Dame Triboulleau pleinement majeure, & toûjours trés capable d'agir, & de gouverner fes biens par elle-même, veuve, & maîtreffe de fes actions depuis le commencement de Juillet 1706, qui a demeuré dans fa maifon ruë du Monceau Saint Gervais, y tenant fon ménage depuis le decés de fon mary, jufqu'au mois d'Octobre 1709.

Suppofons pour un moment la verité des Faits articulés par ceux qui la font agir, fçavoir, que le fieur de Godeheu eût fait toute la dépenfe de fa maifon, compté avec les Ouvriers, & les eût payés; que s'enfuivroit-il de là, finon que la Dame Triboulleau fe feroit déchargée fur luy de ces petits foins, qu'elle s'en feroit rapportée à luy pour arrefter les comptes de la dépenfe de bouche, & pour regler des parties d'Ouvriers & les acquitter?

Mais par là devenoit-il comptable envers elle, du moins judiciairement ? En quelle qualité voudroit-on qu'il l'eût efté? ce ne pouvoit eftre conftamment, ni comme Tuteur, ni comme Procureur. Elle ne luy a jamais donné de Procuration. Ce n'eftoit point *tanquam Negotiorum Geftor*, puifque dans le fyfteme mefme des Demandeurs, c'eftoit fous les yeux de la Dame Triboulleau, & fur les ordres journaliers qu'elle donnoit. Il ne peut donc y avoir ni de titre, ni pretexte pour le rendre comptable en Juftice.

Mais d'autant plus qu'il fe joint icy deux circonftances qui font connoître, que fuppofé que le fieur de Godeheu fe fût mêlé de quelque détail des dépenfes de la Dame Triboulleau, il luy en auroit rendu compte de la maniere qu'elle pouvoit feulement le demander, & qu'il auroit pû en eftre tenu, c'eft-à-dire verballement.

L'une eft que la Dame Triboulleau ne s'eft point avifée pendant fix ou fept années qui fe font écoulées, depuis fon veuvage, jufqu'au temps qu'elle s'eft retirée de chez le fieur de Godeheu, de luy demander aucun compte. Suppofé qu'il eût fait à fon égard la fonction d'Intendant, on ne s'imaginera pas qu'elle eût laiffé paffer un tems auffi confiderable que celuy là, fans demander d'eftre éclairée fur la geftion dont elle l'auroit chargé. Elle n'eft ni imbecille ni manquante d'attention fur ce qui concerne fes affaires & fes interefts.

L'autre eft que l'on trouve entre les mains de la Dame Triboulleau, & fous le fcellé qu'elle a fait appofer elle-même fur fes effets, tous les Actes de cette regie qu'elle dit avoir efté faite par le fieur de Godeheu. C'eft dans fon coffre-fort que fe retrouvent les quittances de tous les Marchands & Artifans de toutes les efpeces, qui luy avoient fait des fournitures pour fa table, pour fes habits, & pour toutes les autres dépenfes de fa maifon. L'on y trouve les quittances de fes Domeftiques, des Pauvres, du Dixiéme, de la Capitation, & generallement toutes les pieces qui peuvent concerner une regie. Ces pieces dont les Confeils de la Dame Triboulleau avoient jugé à propos de ne produire, que la moindre partie, font aujourd'huy reprefentées & jointes au procés en confequence de la Sentence contradictoire du 8 Aouft dernier.

Le fieur de Godeheu en tirera cy aprés des inductions plus détaillées, mais il fe contente d'obferver icy en general que toutes les quittances des fommes payées par la Dame Triboulleau, & pour elle, fe trouvent en fon pouvoir.

Un de fes témoins des plus affidez & des plus reprochables, (c'eft Leonard Hebert fon parent, fon debiteur, & penfionnaire de fes Enfans,) dit qu'il tenoit un Regiftre fur lequel il écrivoit toute la dépenfe.

Tout cela ne prouve-t'il pas demonftrativement que fuppofé (ce dont bien loin de convenir, on va faire voir le contraire) que le fieur de Godeheu fe fut mêlé du détail de la dépenfe de la Dame Triboulleau, pour payer les fournitures de fa maifon, payer les Marchands, Ouvriers, Domeftiques, & le refte, il luy en a journellement rendu compte, & à mefure qu'il s'en méloit? S'il en eftoit autrement, comment fe trouveroit elle avoir en fon pouvoir les quittances de toutes fes dépenfes? A quoy luy auroit-il fervi de faire tenir un Regiftre de dépenfe par un Commis qu'elle gageoit, fi le fieur de Godeheu avoit efté à fon égard une efpece d'Intendant general, comptable de ce qu'il recevoit & dépenfoit pour elle ?

La Cour voit donc que les trois Faits tels qu'ils ont efté articulez de la part de la Dame Triboulleau (quand mefme ils feroient prouvez par la dépofition des témoins) feroient inutiles par rapport à l'objet que l'on a eu de rendre le fieur de Godeheu comptable en Juftice de fes biens. Cette confequence n'en refulteroit nullement, parce qu'enfin en se mêlant de faire la dépense de la Dame Triboulleau, de compter avec des Ouvriers ou autres, il n'auroit fait qu'executer ses ordres journaliers & verbaux, & qu'il seroit vray de dire qu'il luy en auroit rendu compte sur le champ, & luy auroit remis les pieces justificatives de ce compte.

Mais allons plus loin, & voyons si les Faits articulez par la Dame Triboulleau, & dont la preuve a esté admise par témoins, ne se trouvent pas invinciblement détruits par des preuves par écrit, toûjours beaucoup plus fortes & infiniment plus sûres, que les dépositions des témoins mesme les plus irreprochables.

Les Faits alleguez, sont que le sieur de Godeheu, depuis la mort du sieur Triboulleau, jusqu'au tems que la Dame Triboulleau s'est retirée chez luy, a fait toute la dépense de sa maison, tant de bouche qu'autre; qu'il a compté avec tous les Ouvriers & Marchands, & les a payez; que depuis que la Dame Triboulleau est venuë demeurer chez luy, il a continué de faire la dépense, tant pour l'entretien de son carosse, que pour le payement des gages de ses Domestiques & des rentes qu'elle pouvoit devoir.

La preuve des Faits contraires resulte des mesmes pieces dont on vient de parler, c'est-à-dire de celles qui se sont trouvées sous le scellé de la Dame Triboulleau, & qui sont actuellement jointes à l'Instance.

Il est justifié par ces pieces, que c'est la Dame Triboulleau qui a payé toute la dépense de bouche de sa maison, sçavoir le Boucher, le Rotisseur, le Boulanger, le bois, la chandelle, & toutes les provisions.

On est obligé malgré soy d'entrer dans quelque détail des pieces justificatives de ce Fait.

On trouve parmi les pieces produites par la Dame Triboulleau jusqu'à 16 Quittan-ces de differents Bouchers de Paris, de Noisy, Livry ou Saint Cloud, pour viande fournie à la Dame Triboulleau dans les années 1706, 1707, 1708 & 1709.

Ces Quittances sont. 1°. Les 78, 82, 108 & 124 de la cotte G de la premiere pro-duction de la Dame Triboulleau. 2°. Les 164, 165, 187, 189 & 193 de la cotte L. 3°. Les 233, 237, 243, 265 & 266 de la cotte O de la même production. 4°. La 299 de la cotte T. 5°. Les 118 & 234 de la cotte D de la production faite, en execu-tion de la Sentence du 8 Aoust dernier.

Premiere observation sur ces Quittances, elles montent ensemble à 5708 liv. 15 sols, on voit par là que la dépense de bouche que la Dame Triboulleau faisoit dans sa mai-son, lorsqu'elle y tenoit son menage estoit forte, puisque voilà en seule viande de boucherie pendant quatre années prés de 6000 livres, la viande de boucherie ne se vendoit dans ce temps-là que 5 sols la livre.

On dira peut-estre en suivant les apostilles faites sur quelques-unes des pieces, que le sieur de Godeheu faisoit comprendre dans les parties du Boucher, ce qu'il prenoit pour sa maison; mais ce Fait a-t'il la moindre apparence, & rapporte-t'on, l'on ne dit pas quelque preuve de ce ridicule allegué, mais de quoy en fonder la plus legere présomption? bien loin delà il y a preuve du contraire par la déposition de Pierre Thi-bert, 53e témoin de l'Enqueste de la Dame Triboulleau, qui dit précisément qu'il a fourni à la Dame Triboulleau, & au sieur de Godeheu separément de la viande, il ne confondoit donc pas les Memoires ou Parties de l'un avec celles de l'autre.

Pour oster jusqu'au moindre doute sur ce Fait témerairement supposé & sans la moindre apparence de la part de la Dame Triboulleau, le sieur de Godeheu joindra à l'Instance quelques Reçûs & Quittances de Thibert Boucher, des années 1706, 1707, 1708 & 1709, des sommes qu'il luy a payées pour le prix de la viande qu'il luy avoit fournie dans les mêmes années, ce sont les années qui se sont écoulées depuis le veu-vage de la Dame Triboulleau, jusqu'au temps qu'elle est venue loger & se mettre en pension chez le sieur de Godeheu, ce sont celles pendant lesquelles on luy reproche d'avoir fait comprendre dans les Memoires de Thibert Boucher la fourniture de viande de sa maison, ces Quittances que Thibert, ou son Neveu qui recevoit pour luy, luy ont données, font une preuve précise du contraire.

Seconde observation, la plûpart de ces Quittances sont écrites de la main d'Hebert, Commis de la Dame Triboulleau, plusieurs étiquetées par ladite Dame, par exemple sur celle de Christophe Frere, du 13 de Septembre 1706, 78e piece de la cotte G, on trouve de la main de la Dame Triboulleau le mot *Boucher*, & au bas du verso un cal-cul de sa main de ce qu'elle avoit payé en billets de monnoye & argent; le Memoire de Charles Boucher, qui est la piece 299 de la cotte T, est arresté par la Dame Tri-boulleau.

Troisiéme

Troifiéme obfervation dans les quittances de payemens faits aux Bouchers, on a fait la diftinction de ce qui avoit efté payé par la Dame Triboulleau, ou par le fieur de Godeheu, & à l'égard de ce qui a efté payé par le fieur de Godeheu, on a diftingué ce qui l'avoit efté de fes deniers, de ce qui eftoit des deniers de la Dame Triboulleau.

Les quittances qui font au nom feul de la Dame Triboulleau font conftamment pour des payemens par elle faits de fes propres deniers, & la plus grande partie font de cette efpece, encore qu'il y en ait une ou deux, dont le corps eft écrit de la main du fieur de Godeheu.

On trouve fous la cotte L, pieces 187, & 193, deux quittances, où il eft énoncé que les payemens ont efté faits par les mains du fieur de Godeheu, mais c'eftoit la Dame Triboulleau qui luy en avoit fourni les deniers, puifquelles ne font point partie de celles comprifes dans les états fournis à la Dame Triboulleau par le fieur de Godeheu en 1709 & 1710.

La piece 266 de la cotte O, eft une quittance du Boucher de Saint Cloud de 870 livres 15 fols, il y eft dit, *des deniers du fieur de Godeheu*; & cependant elle n'a point efté comprife dans les eftats, parce que la Dame Triboulleau l'en avoit rembourfé.

Il y a au contraire trois quittances de Boucher, l'une de 875 livres 16 fols du 15 May 1709, qui eft la 237e piece de la cotte O de la premiere Production; une autre de la veuve Gilbreton de 195 livres du 22 May 1709, Piece 261e de la mefme cotte; enfin une troifiéme de Charles Boucher de 870 livres 15 fols du 11 Novembre 1709, Piece 266e de la mefme cotte, qui font par les mains, & des deniers du fieur de Godeheu; & toutes trois comprifes dans l'état du 27 Novembre 1709.

Il refulte donc de là que l'on fçavoit parfaitement diftinguer dans les quittances les payemens faits par le fieur de Godeheu, de ceux que la Dame Triboulleau faifoit elle-mefme, & de fes deniers.

Et puifque le fieur de Godeheu, lorfqu'il payoit de fon argent, dont il faifoit l'avance à la Dame Triboulleau, le faifoit exprimer dans la quittance, & que la Dame Triboulleau luy en a fait le rembourfement, il n'eft donc pas vray de dire que ce fut luy qui comme une efpece de Regiffeur general payât la dépenfe de bouche de la Dame Triboulleau.

On trouve pareillement dans les pieces produites fix quittances du Rotiffeur, qui font les pieces 43e de la cotte G, 200e de la cotte L, 312e & 313e de la cotte T de la premiere Production, 125e & 128e cotte D de la feconde Production.

Il y a mefmes obfervations à faire que fur les quittances de la viande de boucherie. Lorfque les payemens ont efté faits par les mains & des deniers du fieur de Godeheu, on l'a exprimé dans les quittances, il n'en a efté rien dit, lorfque la Dame Triboulleau a elle mefme payé.

Par exemple, c'eft elle qui a payé à Bifier Rotiffeur le 2 Janvier 1709, 181 liv. 18 fols, la quittance qui eft la piece 200e de la cotte L, eft pure & fimple.

Au contraire c'eft le fieur de Godeheu qui a fait l'avance de 1063 livres 5 fols, payez au mefme Bifier le 27 Septembre 1710, fuivant l'arrefté de fes Parties du 27 Septembre 1709. On l'a marqué dans fa quittance, auffi-bien que dans celle du mefme du 12 Novembre 1709, qui font les pieces 312e & 313e de la cotte T.

Le Sieur de Godeheu n'eftoit donc pas chargé de la depenfe du ménage de la Dame Triboulleau, ni comptable envers elle, autrement à quoy auroit fervy cette diftinction ?

Il eft à obferver que les Parties de Bifier Rotiffeur de 1063 livres 5 fols d'une part, & 280 livres 7 fols d'autre, ont efté arreftées par la Dame Triboulleau. Le corps de l'arrefté eft de la main du fieur Julien l'un de fes témoins, la fignature eft de fa main.

Le pain ordinaire d'un ménage fe prend dans les marchez, & fe paye fur le champ.

Cependant on trouve parmi les pieces nouvellement produites par la Dame Triboulleau deux quittances d'un Boulanger de petit pain, l'une qui eft la 149e piece de la cotte D; l'autre la 272e cotte E : l'une & l'autre font au nom feul de la Dame Triboulleau, l'une des deux eft écrite de la main d'Hebert fon Commis.

Rotiffeur.

Boullanger.

H

C'eſtoit donc elle qui payoit, ou faiſoit payer par ſon Commis cette dépenſe de bouche de ſa maiſon, & non le ſieur de Godeheu comme chargé d'une eſpece de regie generalle.

Autres pro-
viſions de
ménage.

Il ſe trouve pareillement dans les quittances rapportées par la Dame Triboulleau tant dans ſa premiere Production, que dans celle qu'elle a faite en execution de la Sentence de la Cour du 8 Aouſt dernier, de quoy juſtifier que c'eſt elle-même qui a fait la dépenſe des proviſions qu'elle faiſoit pour ſon ménage, comme d'avoine, de foin, de chandelle, & de vinaigre.

1°. Il y a ſous les differentes cottes de ſes Productions, neuf quittances d'avoine, ſçavoir ſous la cotte G de la premiere Production, pieces 121e & 122e. Il y a ſur la 121e de l'écriture de ſa main qui marque que c'eſt à elle-même que le Memoire a eſté donné, & qu'elle a payé. Sous la cotte L de la meſme production, pieces 157e, 168e, 174e, & 192e. Les trois premieres ſont de la main d'Hebert ſon Commis, ſous la cotte O, piece 242e cotte T de la meſme production, cotte 292e; & enfin cotte E de la Nouvelle Production, piece 269e.

La Cour aura la bonté d'obſerver ſur ces pieces, 1°. Que les quittances ſont au nom de la Dame Triboulleau, comme ayant payé à la reſerve de deux, où il eſt fait mention que le Marchand d'avoine a receu par les mains, & des deniers du ſieur de Godeheu, ce qui fait connoître que quand il payoit luy-meſme, comme faiſant l'avance pour la Dame Triboulleau, on ne manquoit pas de l'exprimer. Ce qui auroit eſté inutile, & meſme abſurde, s'il avoit eſté Regiſſeur & chargé de la dépenſe.

2°. Le Memoire d'avoine au bas du quel eſt la quittance de Ledard du 10 Aouſt 1709, piece 242e de la cotte O, eſt arreſté de la main de la Dame Triboulleau. Elle avoit donc connoiſſance de cette dépenſe, & c'eſtoit à elle que l'on s'adreſſoit pour en faire le payement?

3°. La quittance de Nyvert du 26 Mars 1707, piece 269e de la cotte E de la ſeconde Production, n'avoit pas eſté produite dans la premiere Production, quoy qu'elle ſoit timbrée & commentée au bas par le Gloſſateur ordinaire de la Dame Triboulleau, qui a luy-meſme rayé partie de ſon commentaire. Au ſurplus le Memoire & la quittance ſont de la main d'Hebert Commis de la Dame Triboulleau.

En ſecond lieu 4 quittances de foin cotte G, pieces 86e, 158e, ces deux de la main d'Hebert, une cotte O, 255e, avec expreſſion que c'eſtoit des deniers du ſieur de Godeheu, auquel la Dame Triboulleau en a tenu compte, la derniere cotte E de la ſeconde Production, piece 174e de la main du même Hebert.

4°. Sept quittances pour la chandelle fournie pour la maiſon de la Dame Triboulleau, cotte G 94e étiquetée de la main d'Hebert, I 149e, O 250e, & 251e, B de la ſeconde Production, piece 68

La Cour aura la bonté d'obſerver ſur cette quittance, que l'on a retranché la moi-
tié du ſecond feuillet ſur lequel il y avoit apparemment quelque nota ou étiquette de la main de la Dame Triboulleau ; car il n'eſt pas vray-ſemblable que le Chandellier ait donné ſon Memoire dans l'état où la piece ſe trouve.

Une autre quittance cotte D de la ſeconde Production, Numero ou paraphée 147, il eſt dit dans le Receu du Chandellier qu'il promet de rendre les Cartes, ou qu'elles demeureront nulles ; c'eſt qu'à meſure qu'on alloit prendre de la chandelle chez le Marchand, on luy portoit une Carte de la quantité qu'on en prennoit. C'eſtoit donc la Dame Triboulleau, qui comme tenant ſon ménage, ſe mêloit de ce détail ?

Autre quittance étiquettée de la main d'Hebert cotte D, de la ſeconde Production, paraphée 171, & 172. Une autre cotte G de la ſeconde Production, paraphée 310, étiquettée de la main de le Deuil, Commis & Portier de la Dame Triboulleau.

5°. Quatre quittances du Vinaigrier, premiere Production cotte O, paraphée 260, cotte X de la meſme Production 319, cotte D deuxiéme Production 161, cotte I de la meſme Production, 351.

Toutes ces quittances ſont au profit de la Dame Triboulleau, avec diſtinction dans une ſeule, que c'eſtoit des deniers du ſieur de Godeheu, auquel la Dame Triboulleau en a tenu compte; ce qui marque que c'eſtoit elle-meſme qui a fait les autres payemens de ſes deniers.

L'on croit pouvoir mépriſer l'obſervation critique que le Procureur de la Dame

Triboulleau fait par fa Requefte fur l'une des quittances du Chandellier , qui eft celle du 1 9 Decembre 1 7 0 9 ; fçavoir qu'il eft fans apparence que la Dame Triboulleau eût confumé dans fa maifon la quantité de chandelle portée dans cette quittance. Car de pareilles fupputations de ce qui fe doit depenfer dans un ménage , font , fauf le refpeét de la Cour , ridicules. Il faut bien que la Dame Triboulleau eût confumé la quantité de chandelle portée par le Memoire , puifque c'eft à elle que le Chandellier en a demandé le payement ; & qu'elle l'a effeétivement payé par le remboursement qu'elle a fait au fieur de Godeheu , de ce qu'il avoit avancé pour elle.

Il y a dans les Pieces rapportées par la Dame Triboulleau fept quittances , ou Memoires d'Epicier. L'on ne s'arreftera icy qu'à celles de fa derniere Produétion , que fon Confeil n'avoit pas jugé à propos de faire paroître avant l'Interlocutoire , & que l'on n'a rapportées qu'en execution de la Sentence du 8 Aouft dernier. Epicier.

L'on trouve fous la cotte D de cette feconde Produétion , 1°. Piece paraphée 1 1 4. Une quittance de Lécuyer Marchand Epicier , au profit de la Dame Triboulleau de la fomme de 1 1 livres 2 fols pour marchandifes à elle fournies.

2°. Piece 1 5 1 , une quittance de Guillebon Epicier , en datte du 1 6 Septembre 1 7 0 7 , de la fomme de 6 4 1 livres 5 fols , conçûë auffi au profit de la Dame Triboulleau.

3°. même cotte , piece paraphée 1 7 8 , une quittance de Creton au profit de la Dame Triboulleau de la fomme de 6 6 livres 4 fols , en datte du 3 1 Mars 1 7 0 8.

4°. autre dudit Creton de 1 7 livres 9 fols du 1 0 Janvier 1 7 0 9 , piece paraphée 2 4 8 de la même cotte.

5° Et enfin cotte G de la feconde produétion , piece 3 3 3. Un memoire d'huile fournie au fieur Julien pour la Dame Triboulleau , portant reçû dudit fieur Julien pour la Dame Triboulleau de la fomme de 1 8 2 livres pour le montant de l'huile , ce memoire eft datté du 1 6 Juillet 1 7 0 8.

Dira-t'on que ce foit le fieur de Godeheu qui ait payé le contenu en tous ces memoires & quittances de Marchands Epiciers , lorfqu'elles font toutes au profit de la Dame Triboulleau comme ayant elle-même payé ?

Donc preuve par écrit , & par les pieces mêmes que la Dame Triboulleau raporte , & qui eftoient en fa poffeffion , lorfqu'elle eft fortie de la maifon du fieur de Godeheu , que c'eft elle qui a fait toute la dépenfe journaliere de fa maifon , payé les vivres qui s'y confumoient , pain , viande , &c. acquité les provifions qui s'y faifoient pour l'entretien de fon ménage & de fes chevaux.

Marchands , Ouvriers qui ont fourni les habits & linges &c.

Il eft pareillement juftifié par les mêmes pieces que c'eft la Dame Triboulleau qui a toûjours payé les Marchands & Ouvriers qui ont fourni les habits , le linge , en un mot tout ce qu'elle achetoit.

L'on trouve parmi les pieces de la cotte G de la premiere produétion de la Dame Triboulleau des memoires & quittances de Couvertures , de Charpentier , de Serrurier , du Vitrier , du Menuifier , & en un mot d'Ouvriers & Marchands de toutes efpeces , toutes données au profit de la Dame Triboulleau , comme ayant elle-même payé , prefque toutes étiquettées de la main d'Hebert fon Commis , & quelques-unes de fa propre main.

Il s'en trouve auffi un grand nombre fous la cotte L de la même produétion ; on fe contentera d'en indiquer ici quelques-unes.

La piece 1 5 0 bis de cette cotte eft un memoire de Frofe pour des glaces fournies à la Dame Triboulleau , la quittance qui eft du 3 0 Mars 1 7 0 7 eft au nom de la Dame Triboulleau ; il eft vray qu'il y a fur ce memoire de la main du fieur de Godeheu , *moderé* à 8 2 8 livres 7 fols , mais il feroit abfurde d'inferer de là que c'eft le fieur de Godeheu qui a payé , lorfque le reçû eft au nom de la Dame Triboulleau , & ce qui fait connoître que c'eft la Dame Triboulleau qui a payé , c'eft ce que le fieur de Godeheu a mis au bas du memoire , car s'il avoit payé , il n'y auroit eu aucune neceffité de fa part de mettre au bas du memoire *moderé ledit memoire* à 8 2 8 livres 7 fols. Les 1 5 0 & 1 6 0 pieces de la même cotte font un memoire de toille & linge avec une quittance au bas de la fomme de 2 9 6 livres 1 7 fols , dattée du 20 Decembre 1708 , ce mémoire eft étiquetté de la propre main de la Dame Triboulleau, ce qui prouve qu'elle a effectivement payé par fes mains, & qu'elle eft demeurée, comme il eftoit jufte, nantie de la quittance.

La piece 261 eft une quittance d'Andufe Lingere de 50 livres, en datte du 23 Fevrier 1708 ; la piece 162 , autre quittance de la même Andufe de 68 liv. 17 f. en datte du 28 Avril 1708.

La piece 173 , memoire & quittance de Revelois Marchand Drapier de la fomme de 307 liv. en datte du 31 Aouft 1707, 181 & 182 de la même cotte , deux memoires & quittances de la veuve Bougier Marchande de Toilles, l'une de 120 l. 15 fols, & l'autre de 307 livres 12 fols.

La piece 191 , un memoire de Léguillon Tapiffier du 14 Juillet 1708 , montant à 250 livres 15 fols.

La piece 202, un memoire & quittance de Revelois Marchand Drapier, en datte du 2 Janvier 1709, de la fomme de 499 livres 18 fols, le reçû porte que le payement a efté fait en une quittance d'arrerages fur la Ville pour les fix premiers mois de 1709 ; la Dame Triboulleau difpofoit donc des arrerages de fes rentes ?

La piece 207 de la même cotte eft un memoire de Galpin Marchand de Soye, avec la quittance du 22 Janvier 1709, qui porte que le payement a efté fait en trois quittances de Taxations de la même année 1709.

Le Notaire de la Dame Triboulleau, qui s'ingere de ce qui n'eft pas de fon métier, a appoftillé ce memoire pour dire que la Dame Triboulleau n'a pas porté l'habit fait des étoffes contenues au memoire, & que le fieur de Godeheu l'avoit vendu , & en avoit reçû l'argent.

Il eft vray que l'habit a efté vendu , mais la Dame Triboulleau fçait bien qu'elle en a fait employer l'argent à payer une Chaire de Prédicateur, qu'elle a fait mettre dans l'Eglife de S. Germain Defprez pour le Prédicateur des Flamands, & où elle a fait mettre fes Armes, & celles de fon défunt mary, fuivant le vœu qu'elle en avoit fait pendant fa maladie, au refte ce n'eft pas là le point dont il s'agit ici, mais feulement de fçavoir fi la Dame Triboulleau a payé par elle-même le contenu au memoire, la quittance en fait foy.

Sous la cotte O de la même production plufieurs quittances du Couvreur , du Maçon, de Magny Lingere, de Theveneau Fayancier, de 219 livres 16 fols, & de la dépenfe de la Chaire de Prédicateur.

Il eft à obferver fur ces quittances qu'il y en a quelques-unes, où il eft énoncé que le payement a efté fait par le fieur de Godeheu, & de fes deniers ; mais la Dame Triboulleau s'en eft reconnuë débitrice par l'arrefté du 27 Septembre 1709, il y en a une au contraire (c'eft la piece cottée 272, du Sculpteur) qui porte feulement par les mains du fieur de Godeheu, & non de fes deniers, l'on faifoit donc la diftinction des payemens faits de l'une & de l'autre maniere, & il s'enfuit de là que les payemens, dont les quittances ne portent point qu'ils ont efté faits par les mains du fieur de Godeheu, fe faifoient par les mains de la Dame Triboulleau.

Sous la cotte T fe trouvent plufieurs autres quittances , auffi de payemens faits par la Dame Triboulleau, par exemple la piece 296 eft quittance de Me Sauvage, Procureur au Châtelet, de 150 liv. du 23 Decembre 1709. elle porte des deniers du fieur de Godeheu, la Dame Triboulleau l'en a rembourfé.

La piece 297 eft quittance de Copin Orphevre, du 24 Mars 1710, de la fomme de 15 liv. conceuë au profit de la Dame Triboulleau, qui a payé de fes deniers. Obferver que ce payement eft fait depuis que la Dame Triboulleau eft venuë loger chez le fieur de Godeheu, elle recevoit donc fes revenus & payoit fes dettes.

Sous la cotte X on trouve piece 321 , un Memoire du nommé Lamoureux Maçon , arrefté par le fieur Pinfonneau, & payé des deniers du fieur de Godeheu, le 30 Decembre 1710.

Piece 332 un Memoire de Hagau, Marchand de Fer, du 21 May 1711 , la quittance porte payé par les mains du fieur de Godeheu, mais non de fes deniers, auffi n'a t'elle pas efté comprife dans l'état des payemens que le fieur de Godeheu avoit faits pour la Dame Triboulleau, & dont elle l'a rembourfé.

Piece 335 un Memoire du Paveur du 12 Decembre 1711. de la fomme de 217 liv. la quittance porte que le payement a été fait des deniers du fieur de Go-

deheu

deheu, cependant elle n'a été comprife dans aucun état; donc elle l'en a remboursé de la main à la main, donc elle manioit de l'argent & en difpofoit, c'eft en 1711. & ainfi depuis qu'elle demeuroit avec le fieur de Godeheu.

Sous la cotte A de la feconde production (c'eft à dire au nombre des pieces que la Dame Triboulleau n'a rapportées, qu'en execution de la Sentence du 8 Aouft dernier,) fe trouve 1°. une quittance de Billot Couvreur de 18 liv. en datte du 17. Janvier 1711. c'eft la piece paraphée 6. 2°. piece 63. un Memoire de Blanchard, Chirurgien à S. Cloud, du 22. Novembre 1712. de la fomme de 70 liv. 2. fols, c'eftoit pour les frais de maladie de la Dame Triboulleau, & de fes domeftiques.

Sous la cotte B 1° piece 76. un Memoire de Bougier pour toile, montant à 70. livres 4. fols, des deniers du fieur de Godeheu, qui a employé ce payement dans l'état du premier Septembre 1710.

Mais il eftà obferver que l'arrefté du Memoire de Bougier eft de la main de la Dame Triboulleau, ce qui marque que c'étoit elle qui payoit, & fe mêloit du détail de fa maifon, c'eft apparemment à caufe de cet arrefté, dont on a bien prévû l'induction que l'on n'avoit pas d'abord produit cette piece.

2°. Pareille obfervation fur la piece 91. de la mefme cotte, qui eft un Memoire de Herfan Marchand de 126. livres 18. fols, auffi arrefté de la main de la Dame Triboulleau le 5 Aouft 1710, payé des deniers du fieur de Godheu, qui a compris le payement dans fon état du premier Septembre 1710.

Sous la cotte C piece paraphée 109. un memoire de Pidou, Procureur au Chaftelet, de 22. livres 14. fols du 23. Avril 1709. Cotte D de la mefme production, piece 117. memoire & quittance d'Angot drapier, des 29. & 31. Decembre 1706. de 301. livres 19. fols.

Sous la mefme cotte plufieurs quittances du Charpentier, du Vitrier, de Hugau Marchand de fer, de Gaudron pour écharpes, piece 117. de Theveneau Fayancier du 18. Janvier 1708. de la fomme de 160. livres piece 168.

La piece 176. de la mefme cotte eft un marché fait par la Dame Triboulleau, pour un caroffe de deüil avec quittance de 325. livres étiquetée de fa main.

La 185. eft un Memoire de Barthelémy Maçon, du 28. May 1708. de la fomme de 187. livres 3. fols.

La 204. Memoire de dentelles fournies à la Dame Triboulleau, montant à 298. livres 12. fols en datte du 9. Octobre 1708.

La 229. un autre Memoire de dentelles, montant à 216. livres 10. fols, en datte du 24. Janvier 1709.

Il y a fous cette mefme cotte quantité d'autres quittances de differents Ouvriers, Marchands ou autres, toutes au profit de la Dame Triboulleau. La Cour aura la bonté d'obferver & de parcourir ces quittances, on n'a indiqué que celles qui contiennent des payemens un peu plus confiderables que les autres.

Sous la cotte E la piece paraphée 262. eft un Memoire & quittance des habits de deüil de la Dame Triboulleau, étiquettée de fa main, les 270. & 271. deux receus de l'Eguillon Tapiffier, l'un du 7. Octobre 1706, & l'autre du 24. Mars 1707. La 278. un Memoire d'une Lingere du 10. Aouft 1706. étiquetée de la main de la Dame Triboulleau, la 284. un Memoire de Tailleur étiqueté de mefme.

Les autres pieces de cette cotte font pour la plûpart étiquetées de la main d'Hebert Commis, & parent de la Dame Triboulleau, & qu'elle a fait entendre comme témoin, & toutes ces quittances qui font au nom de la Dame Triboulleau, juftifient que c'étoit elle qui payoit & entroit feule dans le detail de fa dépenfe.

La cotte 9. de la mefme feconde production contient auffi plufieurs receus au nom de la Dame Triboulleau; la piece 305. eft une quittance de Angot pour le banc de la Dame Triboulleau dans l'Eglife de faint Gervais, en datte du 23. Janvier 1713. cette datte eft importante à obferver, c'étoit quinze jours avant que la Dame Triboulleau fe retiraft de chez le fieur de Godeheu.

La 308. eft une pareille quittance pour le banc de faint Gervais dattée du quinze Janvier 1712.

La 309. une quittance du fieur de Bondis au profit de fa mere, de la fomme de 110. livres en datte du 9. Decembre 1712.

La 312. un Memoire de la dépenfe de la chaire de Predicateur, que la Dame Tri-

I

boulleau avoit fait faire dans l'Eglife de l'Abbaye de faint Germain des Piés, pour les Flamans, ledit Memoire montant à 464. livres.

La 114. une quittance de 72. livres du 18. Aouſt 1708. pour une charité que la Dame Triboulleau avoit faite, c'étoit dans le temps qu'elle étoit en penſion chez le ſieur de Godeheu, elle diſpoſoit donc chez luy (ainſi qu'elle avoit fait lors qu'elle étoit à ſon ménage) de ſes revenus pour des charités & pour toutes ſortes de dépenſes ; la 315. eſt un Memoire de Carpentier, Marchand Drapier, pour draps fournis à la Dame Triboulleau en 1708.

La 318. un memoire de garnitures de teſte pour elle, de l'année 1710. étiqueté de ſa main. La 323. un memoire d'éventails fournis à la Dame Triboulleau le 23. Fevrier 1708. montant à 48. livres, ce qui fait voir en paſſant qu'elle faiſoit une aſſez forte dépenſe en bagatelles.

Il y a ſous cette même cotte pluſieurs autres quittances des années 1707. & 1708. toutes au profit de la Dame Triboulleau.

Sous la cotte I. de la même production piece 350. memoire d'un Plombier du 23. Juin 1707. de la ſomme de 55. livres 16. ſols.

La 353. une quittance de Madelaine Valet paſſée devant Lemoyne Notaire le 23. Fevrier 1708. de la ſomme de 50. livres pour un legs à elle fait par le défunt ſieur Triboulleau. La 360. un memoire & quittance de feu Maiſtre Rigault Procureur, du 18. Novembre 1711. de la ſomme de 66. liv. 13. ſols.

La 364. un memoire de ſerge fournie pour la Dame Triboulleau, (c'étoit pour habiller de pauvres enfans à S Cloud :) il eſt fait mention au bas du memoire qui eſt écrit de la main du ſieur Julien, que c'eſtoit le ſieur de Godeheu qui avoit fait la dépenſe à S. Cloud le 7. Septembre 1712. la Dame Triboulleau l'en a rembourſé elle avoit donc de l'argent, & en diſpoſoit comme bon luy ſembloit.

On trouve ſous la même cotte d'autres quittances de 1707. 1708. 1711. & 1712. qui juſtifient la même choſe.

Il reſulte clairement de ce qui vient d'eſtre expliqué, & du détail des pieces rapportées par la Dame Triboulleau, une preuve directement contraire aux deux faits dont la preuve a eſté admiſe qui ſont les ſept & huitiéme faits : l'un que le ſieur de Godeheu *a fait toute la dépenſe de la maiſon de la Dame Triboulleau, tant de bouche qu'autre, depuis la mort du ſieur Triboulleau, juſqu'au temps qu'elle a eſté demeurer chez luy : l'autre qu'il a compté avec tous les Marchands & autres qui ont fourni les habits & linges à la Dame Triboulleau, & les en a payés.*

On voit au contraire par les pieces, que la Dame Triboulleau eſt entrée dans le détail de toutes les dépenſes de ſon ménage & de l'entretien, tant de ſa perſonne que de ſes domeſtiques.

NEUVIE'ME FAIT.

Qui eſt que depuis la demeure de la Dame Triboulleau chez le ſieur de Godeheu, il a continué de faire la dépenſe, tant pour l'entretien de ſon caroſſe & de ſes chevaux, que pour le payement des gages de ſes domeſtiques, & de quelques arrerages de rentes qu'elle pouvoit devoir.

Il faut d'abord convenir que ce fait a plus de vrai-ſemblance que les deux autres, il eſt ſans apparence que la Dame Triboulleau majeure & non interdite, ſe fut laiſſée gouverner par ſon petit Gendre, dans le temps qu'elle tenoit ſon ménage & qu'elle demeuroit dans la maiſon ruë du Monceau S. Gervais, où elle avoit toûjours logé avec ſon mary : mais on pouvoit plus aiſément croire, que depuis qu'elle ſe fut miſe en penſion chez ſon petit gendre, elle ſe feroit rapportée à lui, d'arreſter des parties d'ouvriers, & de payer la dépenſe de l'entretien de ſon caroſſe, & les gages de ſes domeſtiques, comme ſoins & détails dont elle auroit voulu ſe décharger ſur lui.

Et quand cela ſeroit, il n'en reſulteroit nullement, que le ſieur de Godeheu eut eu l'adminiſtration de ſes biens & revenus, & qu'il fut devenu comptable envers elle ; car ne pourroit-il pas eſtre que la Dame Triboulleau ſe feroit rapportée au fieur de Godeheu de plufieurs détails, dans lefquels elle ne fe feroit pas voulu donner la peine d'entrer, qu'elle l'auroit prié de regler des parties d'ouvriers, d'arrefter le compte des domeftiques qu'elle congedioit, & qu'elle lui auroit donné de l'argent pour les payer, ou qu'elle l'en auroit rembourfé aprés qu'il les auroit payés, en lui remettant par lui, les quittances qu'il en auroit tirées : encore un coup, tout cela, c'eft-à-dire, le fait, tel mefme qu'il eft articulé de la part de la Dame Triboulleau, n'induiroit nullement une regie & adminiftration.

Mais il faut faire voir que ce fait n'eft pas plus véritable que les deux autres, & qu'au contraire, il eft juftifié par les pieces mefmes, que l'on a forcé la Dame Triboulleau de rapporter, & que fon confeil avoit jugé apropos de ne point faire paroiftre, parce qu'il en prevoyoit les inductions ; que c'eft la Dame Triboulleau qui a fait elle mefme & payé depuis qu'elle a demeuré chez le fieur de Godeheu, la dépenfe de l'entretien de fes chevaux & de fon caroffe, les rentes qu'elle devoit, fa capitation & les gages de fes domeftiques.

Entretien des chevaux & du caroffe de la Dame Triboulleau.

La premiere obfervation que l'on croit devoir faire, parce qu'elle eft generale pour toutes les quittances dont il fera parlé cy-aprés ; eft que toutes ces quittances fe trouvent entre les mains de la Dame Triboulleau ; elles étoient au jour qu'elle eft fortie de la maifon du fieur de Godeheu, dans le coffre-fort qui étoit dans fon appartement, & dont elle avoit la clef : dés-là il eft vrai de dire qu'elle avoit fait les payemens contenus dans ces quittances, & qu'elle n'avoit point de compte à demander au fieur de Godeheu ; car fi c'eftoit le fieur de Godeheu qui eut payé comme regiffeur, les quittances feroient reftées entre fes mains pour eftablir la dépenfe du compte qu'il auroit eu à rendre.

Une feconde obfervation eft, que parmi ces quittances il y en a dans lefquelles il eft énoncé, que le payement a efté fait par les mains & des deniers du fieur de Godeheu.

On diftinguoit donc ce qu'il payoit, & dont il avoit la repetition contre la Dame Triboulleau, d'avec ce que la Dame Triboulleau payoit elle mefme, ce qui prouve qu'il n'agiffoit point conftamment, comme chargé d'une regie.

Il y a mefme encore fur cela une autre diftinction à faire ; c'eft que des quittances où il eft énoncé, que les payemens ont efté faits par le fieur de Godeheu ; il y en a quelques-unes qui ont efté comprifes dans les états de 1709 & 1710, arreftés par la Dame Triboulleau, & dont elle a payé le montant au fieur de Godeheu ; d'autres qui n'ont pas efté comprifes dans ces états, parce que le fieur de Godeheu en a efté rembourfé fur le champ.

Par exemple, fous la cotte T de la premiere production de la Dame Triboulleau piece 307e, eft une quittance de Manfion Bourlier, de 70 livres, dattée du 2 Juillet 1712, & où il eft énoncé par les mains & des deniers du fieur de Godeheu ; fous la cotte X piece 320e, une quittance du Marechal de S. Cloud de 35 livres du 11 Novembre 1710, des deniers du fieur de Godeheu ; fous la mefme cotte piece 325e, une quittance de Poitevain Charon, de 31 livres 5 f. du 11 Mars 1711, auffi des deniers du fieur de Godeheu. Ces trois quittances ne font employèes dans aucun eftat. La Dame Triboulleau a donc rembourfé au fieur Godeheu de la main à la main ce qu'il avoit payé pour elle.

Parcourons aprés cela les autres quittances des payemens faits par la Dame Triboulleau elle-même pour la dépenfe de fon caroffe, depuis qu'elle a démeuré chez le fieur Godeheu.

Cotte A de la feconde production, pieces 33, 43, 46, 58 & 64 bis, font cinq quittances du Charon, & du Bourlier des années 1711 & 1712, conçûës directement au profit de la Dame Triboulleau, comme ayant elle-même payé.

Cotte B pieces paraphées 73, 78, 79 85 & 87, cinq autres quittances du Bourlier ; du Charon & du Maréchal, des années 1710 & 1711, conçûës comme les premieres.

Cotte D pieces 122; 136; 150; 160, 183; 222 & 237, fept quittances dé Bourlier , Marefchal & Charon, à la verité des années 1707 ; 1708 & 1709 , par confequent d'un temps où la Dame Triboulleau tenoit fon ménage , & que l'on ne rapporte ici que pour faire connoiftre qu'auffi bien dans un temps que dans l'autre , la Dame Triboulleau a payé la dépenfe de l'entretien de fon caroffe & de fes chevaux , & s'en eft fait donner quittance en fon nom.

On ne trouve point de quittances de foin & d'avoine pour la nourriture des che-vaux de la Dame Triboulleau depuis qu'elle a efté en penfion chez le fieur Go-deheu , parce que par le traîté qu'il avoit fait avec elle pour fes penfions, & celle de la Demoifelle de Mongé , il eftoit obligé de nourrir les chevaux de caroffe de la Dame Triboulleau.

Payement des rentes dûës par la Dame Triboulleau , de la Capitation & autres dettes depuis qu'elle a demeuré chez le fieur Godeheu.

Il eft juftifié par plufieurs quittances produites par la Dame Triboulleau dans fa premiere production , que c'eft elle qui a payé pendant les années 1706 , 1707 , 1708 & 1709 , qui font celles pendant lefquelles elle logeoit ruë du Monceau S. Gervais , les arrerages d'une rente de 100. liv. par an qu'elle devoit à la veuve Policart , les loyers qu'elle devoit à Denis François , pour des chambres qu'elle avoit jointes à la maifon qu'elle tenoit de l'Hôpital General , la taxe des pauvres & autres dettes courantes , les quittances de ces payemens font au nom de la Dame Triboulleau , ce qui juftifie que c'eft elle même qui en a fait le payement.

Le fait qu'il s'agit de prouver ici contre celuy qu'on luy a fait articuler , & dont la preuve a efté admife par la Sentence ; eft qu'elle a continué de faire ces paye-mens depuis qu'elle eft venue demeurer avec le fieur de Godeheu.

Et c'eft ce que juftifient les pieces que l'on va indiquer.

Sous la cotte O. de la premiere production , les pieces paraphées 278 & 279 , qui font deux quittances du dixiéme denier, l'une du 9, l'autre du 14. Janvier 1713 , toutes deux conçûes au profit de la Dame Triboulleau.

On dira peut-eftre que ce font les locataires de la maifon de la Dame Triboul-leau , l'une à Paris, l'autre à Verfailles, qui acquitoient ce dixiéme ; cela peut-eftre: mais il ne refulte pas moins de ce que ces quittances fe trouvent entre les mains de la Dame Triboulleau, que ces locataires les luy ont remifes, & par confequent qu'ils ont compté avec elle-même.

Sous la cotte X de la mefme production , piece 328. quittance de la Capitation de la Dame Triboulleau & de fes domeftiques pour les années 1708. 1709. & 1710. de la fomme de 559 livres 7 fols , il eft dit des deniers du fieur de Godeheu. Ce paye-ment n'eft compris dans aucun état , il faut donc que la Dame Triboulleau l'en ait rembourfé de la main à la main.

Par quelle raifon le fieur de Godeheu auroit-il fait énoncer dans la quittance que le payement étoit de fes deniers ? s'il avoit adminiftré les revenus de la Dame Triboulleau , il auroit efté le maître de fe payer par fes mains de ce qu'il auroit payé en fon acquit , cette énonciation qui ne fe trouve que dans quelques quittances d'un nombre infini qui font rapportées , fait connoître que les autres payemens étoient des propres deniers de la Dame Triboulleau.

Sous la mefme cotté piece 339 une autre quittance de Capitation au profit de la Dame Triboulleau du 10 Juin 1712 de la fomme de 186 livres 9 fols.

Piece 340 , quittance de la veuve Policart de 25 livres pour un quartier de fa rente du 30 Avril 1712 , nulle mention que ce fut par les mains & des deniers du fieur de Godeheu, c'eft donc elle qui a payé.

Sous la cotte A , de la feconde production pieces , 6 , 9 , 10 , quittances de la veuve Policart , du fieur Prailly , & du fieur Petitmons , des arrerages de rentes qui leur étoient deûës conçeuës au profit feul de la Dame Triboulleau & dattées des an-nées 1710. & 1711.

Les 11. 22. 23. 26. 44, 50. 59, & 61. quittances du dixiéme Denier des années 1711. & 1712. au profit de la Dame Triboulleau.

La 65ᵉ quittance du 13. Janvier 1713 de 176 livres 11 sols pour la Capitation de la Dame Triboulleau.

Sous la mesme cotte, plusieurs quittances de la veuve Policart pour les années 1711 & 1712.

Cotte 6ᵉ de la mesme production, piece 72 quittance de Denis François du 11 Juillet 1710 de 131 livre 5 sols pour loyers des lieux qu'occupoit la Dame Triboulleau, ruë du Monceau saint Gervais.

Piece 75ᵉ quittance de la taxe des pauvres, du 12 Juillet 1710.

Pieces 81. 84. & 86. trois quittances d'arrerages de rente de 1710.

Sous la cotte I de la seconde production, 1°. Pieces 368. & 369. deux quittances des pauvres, l'une du 18 Mars 1711, l'autre du 29 Avril 1712, la derniere étiquetée de la main de la Dame Triboulleau, ce qui fait connoître que c'est elle-mesme qui a payé & qui a directement retiré la quittance.

Il résulte donc nettement de ces pieces que la Dame Triboulleau mesme depuis qu'elle s'est retirée & mise en pension chez le sieur de Godeheu a fait par elle-même la dépense qui luy restoit à faire après avoir quitté son ménage en payant les arrerages de rente qu'elle devoit, sa capitation & le dixiéme, le sieur de Godeheu n'estoit donc pas chargé de la regie de ses biens.

Payement des Pensions de la Dame Triboulleau.

Depuis que la Dame Triboulleau eut quitté son ménage pour vivre en pension chez le sieur de Godeheu, elle n'avoit plus d'autre payement à faire pour sa nourriture, celle de ses domestiques & de ses chevaux, que de la pension dont elle estoit convenuë avec le sieur de Godeheu.

Si elle l'avoit regardé comme regisseur de ses biens & comptable de l'administration qu'il en auroit euë, il luy auroit esté inutile de tirer des quittances de luy pour les arrerages de ses pensions, cette précaution n'est necessaire qu'à l'égard de ceux qui n'ont point de compte à demander à celuy chez qui ils sont nourris & logez, le pupille ne demande point de quittances de pensions à son Tuteur, parce que le Tuteur doit employer cette dépense dans son compte.

La Dame Triboulleau qui étoit bien éloignée de se regarder, ni le sieur de Godeheu sur ce pied, a eu au contraire tres grand soin de prendre des quittances de luy, des arrerages de sa pension à mesure qu'elle la payoit.

Premiere quittance d'une année de pension dans le transport fait par la Dame Triboulleau au sieur de Godeheu le 14 Septembre 1710, de partie de ce qui luy étoit deu par le sieur Sanguin Demandegris, ce transport est produit par la Dame Triboulleau 33ᵉ piece de la cotte T de sa premiere production ; deuxiéme quittance pardevant Notaires, en datte du 2 Mars 1711, de toutes les pensions de la Dame Triboulleau de la Damoiselle Demongé & de leurs domestiques, échûës au premier Novembre 1711, avec réserve seulement de la somme de 2755 livres 15 sols qui en restoient deus, cette quittance est aussi produite au procés sous la cotte P de la premiere production de la Dame Triboulleau, piece paraphée 283.

Et la Cour aura la bonté d'observer, 1°. Que par cette quittance le sieur de Godeheu reconnoist avoir reçû de la Dame Triboulleau, tant en deniers qu'en transports qu'elle luy a faits, la somme de dix mille livres pour une année de pension, c'estoit donc elle qui payoit.

2°. Qu'elle avoit eu la précaution d'emporter cette quittance, lorsqu'elle se retira de la maison du sieur de Godeheu chez le sieur Triboulleau de Bondis son fils, ce qui fait voir d'un costé que cette retraite estoit premeditée & concertée ; & de l'autre qu'elle avoit pardevers elle les décharges de ce qu'elle payoit.

3°. Et derniere quittance du 1ʳ Février 1713. de la somme de 2500 livres, que le sieur de Godeheu a reconnu avoir reçû de la Dame Triboulleau, pour trois mois de sa pension : cette quittance s'est trouvée sous le scellé de la Dame Triboulleau, & dans le coffre-fort dont elle avoit la clef : encore un coup elle payoit donc ses pensions, & pour payer il falloit bien qu'elle reçût.

K

C'eſt icy un article important par rapport au point principal de la conteſtation, de ſçavoir ſi le ſieur de Godeheu a agy dans la maiſon de la Dame Triboulleau en maiſtre & regiſſeur : on a fait articuler à la Dame Triboulleau, que c'eſtoit le ſieur de Godeheu qui eſtoit entré dans le détail du payement des gages de ſes domeſtiques, ce qui marquoit effectivement une eſpece d'adminiſtration & d'intendance. Voyons ſi ce fait ne ſe trouvera pas (ainſi que les autres) démenty par les pieces.

Il y a deux ſortes de preuves du payement fait par la Dame Triboulleau elle-même, des gages de ſes domeſtiques ; l'une qui réſulte des quittances qu'elle a produites, ſoit dans ſa premiere production, ou en vertu de la Sentence de la Cour, du huit Aouſt dernier ; l'autre qui conſiſte dans le Livre Journal qu'elle a rapporté & joint à l'inſtance en execution de la même Sentence.

On trouve dans la production de la Dame Triboulleau pluſieurs quittances des gages de ſes domeſtiques.

Sous la cote G de la premiere production, ſont pluſieurs quittances & memoires de gages des domeſtiques des années 1706 & 1707.

La piece 37 de cette cotte, eſt une quittance paſſée devant Lemoyne Notaire, le 30 May 1707, par Anne de Saint Omer, (laquelle eſt actuellement au ſervice de la Dame Triboulleau) de la ſomme de 238 livres, pour les gages qui luy eſtoient dûs : cette ancienne domeſtique eſt l'un des témoins de l'Enqueſte que l'on a fait diſcourir, parce qu'eſtant encore dans la maiſon, on a eu plus de loiſir & de facilité à l'inſtruire.

La piece 140 de la meſme cotte eſt une quittance de la nommée Lely, femme de chambre, de la ſomme de 288 livres 6 ſols pour reſte de ſes gages au jour du decés du ſieur Triboulleau ; ladite quittance écrite de la main d'Hebert.

Sous la cote D de la ſeconde production, piece cottée 126 eſt autre quittance de la meſme Lely, auſſi écrite de la main d'Hebert, en datte du 3 Mars. 1707 de la ſomme de 70 livres pour ſes gages échus juſqu'à ce jour, l'une & l'autre porte receu de la Dame Triboulleau.

La piece 127 ſous la meſme cotte D eſt une quittance du nommé le Duc (que l'on a fait entendre comme témoin) de la ſomme de 74 livres à luy payée par la Dame Triboulleau pour gages le 14 Mars 1707.

La piece 161e, un compte écrit de la main d'Hebert, des gages de Champagne Cocher & ſa quittance du 29 Septembre 1707 de la ſomme de 59 livres 13 ſols payée par la Dame Triboulleau.

On croit devoir obſerver, que parmi les quittances des domeſtiques de la Dame Triboulleau, il s'en trouve deux où il eſt énoncé, que le payement a eſté fait des deniers du ſieur de Godeheu. La premiere, qui eſt la piece 256 de la cotte O, de la premiere production eſt une quittance de le Deüil Commis Poirier, que l'on a fait entendre comme témoin, de la ſomme de 50 livres, en datte du 29 Juillet 1709.

La ſeconde cottée 298 ſous la cotte T de la meſme production eſt quittance de la nommée Varin (que l'on a auſſi fait depoſer) de la ſomme de 90 livres en datte du 8 Decembre 1709.

La menſion faite dans ces deux quittances, que les payemens ont eſté faits des deniers du ſieur de Godeheu, lequel en a eſté rembourſé par la Dame Triboulleau, prouve qu'il ne ſe mêloit pas de payer les domeſtiques de la Dame Triboulleau, & que lors qu'elle l'a prié d'en faire l'avance, il l'a fait énoncer dans les quittances afin de pouvoir s'en faire rembourſer.

Le livre journal de la Dame Triboulleau & qu'elle a eſté contrainte de produire en execution de la Sentence du 8 Aouſt dernier, donne lieu à quelques obſervations importantes qui feront connoître tout enſemble & la fauſſeté du fait articulé par la Dame Triboulleau, touchant le payement des gages de ſes domeſtiques par le ſieur de Godeheu & le mauvais artifice auquel ceux qui la conduiſent ont eu recours pour tâcher d'affoiblir la preuve réſultante de ce regiſtre.

La premiere obſervation eſt que ce regiſtre s'eſt trouvé ſous le ſcellé de la Dame Triboulleau & dans ſon coffre fort, c'eſtoit donc elle qui gardoit le journal concernant ſes domeſtiques.

La feconde, eft que tout ce qui eft écrit fur ce livre, eft de la main du fieur Julien que l'on a fait entendre comme témoin, c'eft luy qui a porté fur ce regiftre, & le temps que chacun des domeftiques eft entré chez la Dame Triboulleau & les payemens qui leur ont efté faits fur leurs gages, mefme depuis que la Dame Triboulleau s'eft retirée dans la maifon de fon fils, c'eft donc un homme à elle & dont elle fe fert encore pour fes affaires, comme elle s'en fervoit dans le temps qu'elle étoit chez le fieur de Godeheu.

La troifiéme obfervation eft, qu'il refulte clairement des cinq feuillets du regiftre, qui font ceux concernant les domeftiques d'un cofté, que c'eft la Dame Triboulleau elle-mefme qui en les arreftant à fon fervice eft convenuë avec eux de leurs gages qu'elle a mefme augmentés à l'egard de quelques-uns, & de l'autre que c'eft auffi elle qui leur a payé les fommes qu'ils ont touchées à compte de leurs gages.

Chacun des cinq feuillets porte en tefte le nom du domeftique que la Dame Triboulleau a pris à fon fervice. Par exemple le premier, *Nanon eft entrie à mon fervice le 3 May* 1707, &c. enfuite les payemens faits à chacun de fes domeftiques, ce qui prouve qu'elle fe mêloit feule & par elle-mefme de ce détail.

Entrons après cela dans un examen un peu plus particulier des cinq feuillets du regiftre.

On trouve fur le premier qui commence, *Nanon* (c'eft Anne de Saint Omer entendue comme témoin,) *eft entrée au fervice de la Dame Triboulleau le 3 May* 1707 *à raifon de 75 livres par an, & la feconde année fur le pied de* 100 *livres par an*; ce que l'on vient de rapporter eft écrit de la main du fieur Julien dans un mefme temps de mefme plume & de mefme encre.

Mais on trouve enfuite d'une autre plume & d'une autre encre écrit dans un blanc qui étoit refté ces mots, *& de* 110 *livres à commencer du premier Janvier* 1715. Ce qu'il eft encore important d'obferver eft que le chiffre cinq qui finit la datte de 1715 a efté nouvellement & fauffement fubftitué à la place d'un autre chiffre qui étoit au deffous, que l'on a enlevé avec la pointe d'un canif en ratiffant le papier, tout cela eft vifible à la feule infpection.

Dans la marge à cofté de cet intitulé eft écrit de la main de la Dame Triboulleau, *bon pour* 110 *livres*, ce qui fait connoître que c'eft elle-mefme qui tenoit ce livre & qui comptoit avec fes domeftiques, & leur augmentoit les gages quand elle le jugeoit à propos.

L'on dit dans fa Requefte du 19 Aouft dernier, par laquelle elle a produit entre autres pieces le Regiftre en queftion, que ces termes *bon pour* 110 *livres*, n'ont efté écrits par la Dame Triboulleau que depuis qu'elle eft fortie de la maifon du fieur de Godeheu, & feulement lors qu'elle eft convenuë en 1715 (fuivant ce qui eft inferé dans le Regiftre en cet endroit) d'augmenter jufqu'a cette fomme les gages de Nanon.

Mais 1°. Quand cela feroit, il n'en refulteroit pas moins que la Dame Triboulleau auroit approuvé ce qui eft porté par le Regiftre, & par confequent il feroit toûjours une foy entiere & parfaite qu'elle a elle-mefme payé les gages de fes domeftiques contre le fait qu'on a articulé de fa part & fous fon nom.

2° On connoiftra à l'infpection que *le bon pour* 110 *livres*, eft d'une autre plume que ce qui eft inferé dans le corps de l'écriture, *& de cent dix livres à commencer le premier Avril* 1715.

3° L'on a vifiblement fubftitué le chiffre 5 de la datte 1715, à la place d'un autre chiffre qui étoit apparemment 1712 ou 1713, & cela pour faire croire que le bon pour 110 livres, n'avoit efté mis que depuis que la Dame Triboulleau eftoit fortie de la maifon du fieur de Godeheu.

C'eft une fauffeté évidente, & fur laquelle on fe pourvoira, s'il eft néceffaire, par la voye de droit; ce qui refulte de la découverte de cette alteration, eft que les gages de Nanon ont efté augmentés par la Dame Triboulleau dés 1712 ou 1713, dans le temps qu'elle logeoit chez le fieur de Godeheu; que le bon pour 110 livres écrit de fa main, eft de ce mefme temps; & par confequent que c'étoit elle qui fe mefloit feule dans ce temps-là du payement de fes domeftiques, contre le fait qu'on lui a fait articuler, & dont la preuve a efté admife.

Le fecond feuillet du regiftre porte dans l'intitulé, *Mademoifelle Blondel*, (c'eft encore un des témoins de l'Enquefte) *eft entrée à mon fervice le 5 Avril 1707, à raifon de 75 livres pour la premiere année, & 90 livres pour les fuivantes.*

On a ajouté enfuite dans le blanc qui étoit refté, d'une autre plume & d'une autre encre, *& 100 livres à commencer le premier de Septembre mil fept cent quatorze.*

En marge eft écrit de la main de la Dame Triboulleau, mais d'une encre plus noire & plus ancienne que l'addition, *bon pour 100 livres.*

Il eft donc encore évident malgré ce que l'on dit fur cela dans la Requefte de la Dame Triboulleau, que le bon pour 100 livres à l'égard de la Demoifelle Blondel, eft d'un temps anterieur à la fortie de la Dame Triboulleau de chez le fieur de Godeheu; c'étoit donc elle mefme encore un coup qui tenoit le compte de fes domeftiques, qui augmentoit leurs gages & les payoit; il n'eft pas vrai que le fieur de Godeheu fe meflât de ce détail.

Sur le troifiéme feuillet il eft dit, *Lalemant eft entré à mon fervice le 3 Juillet 1710 fur le pied de 90 livres par an, & de 100 livres à commencer le premier Janvier 1712;* ces derniers termes font encore écrits depuis le premier intitulé.

Enfuite font les payemens faits à Lalemant en différens temps, le tout écrit de la main du fieur Julien.

Le feuillet finit par une quittance de Lalemant du reftant de fes gages. 1° Le corps de cette quittance eft encore écrit de la main de Julien, ce qui prouve qu'il eft toûjours dans le mefme employ auprés de la Dame Triboulleau, d'écrire pour elle, comme il faifoit dans le temps qu'elle étoit chez le fieur de Godeheu.

2° A l'infpection de cet endroit du feuillet, l'on connoîtra qu'il y a encore plufieurs alterations, que l'on a fupprimé avec la pointe du canif ce qui avoit efté d'abord écrit & qui commence à la marge du feuillet, au lieu de quoi l'on a fubftitué d'une écriture pochée, parce que le papier raclé par le canif a imbibé l'encre, *du 20 Fevrier, & au deffus 1715.*

3° Que la quittance de Lalemant qui commence depuis l'addition faite à la marge du 20 Fevrier 1715, finit par ces mots qui ne cadrent nullement avec cette date, jufqu'à ce jour 20 Aouft 1714; car il refulte de-là, que la quittance eft de ce jour 20 Aouft 1714, & cependant elle commence par les termes, 20 Fevrier 1715.

Ce qui refulte de tout cela, eft que l'on a falfifié le regiftre avant de le produire, ce qui ne s'eft pû faire que pour affoiblir autant que l'on pourroit, les inductions que l'on prévoyoit que le fieur de Godeheu feroit en état d'en tirer.

Le 4ᵉ feuillet porte en titre, *Cadet*, c'eft l'un des Laquais témoins de la Dame Triboulleau, *eft entré à mon fervice le 3 Fevrier 1711 fur le pied de 90 livres par an*, enfuite d'une autre encre *& 100 livres, à commencer le premier Janvier 1712*, & enfin encore d'une autre encre & dans un vuide qui ne s'étant pas trouvé affés grand, a obligé de prendre partie de la marge, ces mots, *& de cent vingt livres à commencer le premier Janvier 1715.*

Il eft encore vifible que dans l'endroit de la marge où fe trouve écrit le chiffre 1715, on a graté le papier avec un canif, & de telle forte qu'on y a fait un petit trou, & que les deux chiffres qui finiffent 1715, ont efté mis aprés coup à la place de ceux qui y étoient, & que l'on avoit enlevés avec la pointe du canif, & enfin que ces deux chiffres & fur-tout celui 5, font d'écriture pochée & plus grande que les deux premiers chiffres 17.

En marge de l'intitulé du regiftre, eft écrit de la propre main de la Dame Triboulleau, *bon pour 120 livres.*

Que refulte-t'il de ces obfervations. 1° Conftamment une falfification & alteration vifible du regiftre en cet endroit, ce qui ne s'eft pû faire que *malo animo*, & dans le temps qu'on s'eft vû forcé par la Sentence du 8 Aouft dernier, de communiquer ce regiftre.

2° On a changé la datte de l'augmentation des gages de Cadet, pour ne la faire commencer qu'au premier Janvier 1715, pour faire croire ce que l'on dit par la Requefte de la Dame Triboulleau du 19 Aouft dernier, qu'elle n'a mis le bon pour 120 livres, que depuis qu'elle eft fortie de chez le fieur de Godeheu, & que ce n'eft que depuis ce temps-là qu'elle a eu le regiftre en fon pouvoir.

Mais le bon pour 120 livres, eft d'une écriture plus ancienne & d'une encre plus noire que l'addition faite dans l'intitulé, au lieu de 1715, il y avoit felon toutes les
apparences

apparences 1713, & ainſi l'augmentation des gages accordés à Cadet laquais juſqu'à 120 livres, étoit du temps que la Dame Triboulleau demeuroit dans la maiſon du ſieur de Godeheu ; par conſéquent c'étoit elle ſeule qui dés ce temps-là payoit ſes do-meſtiques, par conſequent le ſieur de Godeheu n'étoit pas regiſſeur de ſes revenus.

On croit pouvoir obſerver icy en paſſant, que puiſque la Dame Triboulleau porte les gages d'un laquais à 120 livres par an, il faut qu'elle ne ſoit pas ruinée comme ſes émiſſaires le publient ; il n'y a guere que les gens d'une groſſe condition ou les financiers qui donnent de ſi gros gages à leurs laquais.

Le 5 & dernier feuillet porte dans l'intitulé, *Champagne mon cocher eſt entré à mon ſervice le 4 Juin 1710, ſur le pied de 155 livres par an, & de 12 livres pour les vieilles roues.*

En marge eſt écrit de la main du ſieur Julien, *Madame Triboulleau ne doit plus de roues à commencer du premier Janvier 1713 ;* ce qui marque que c'eſt toûjours elle qui a fait écrire ſur ſon regiſtre, les marchez qu'elle faiſoit avec ſes domeſtiques.

Dans la ſuite du feuillet ſont marqués de la même main, les payemens qu'elle a faits à ſon cocher ſur ſes gages, juſqu'au 25 Juin 1712, aprés quoy eſt l'inventorié du Commiſſaire Camuſet.

Et audeſſous de cet inventorié, & ſur le *verſo* du feuillet, ſont les payemens qui ont eſté faits depuis, qui ſont auſſi écrits de la main du ſieur Julien.

Il reſulte donc, tant des quittances de domeſtiques produites par la Dame Tri-boulleau que de ſon regiſtre journal, que c'eſt elle qui a toûjours & dans tous les temps arreſté & choiſi ſes domeſtiques, reglé & payé leurs gages ; il eſt donc vrai qu'il y a preuve par écrit du fait contraire à celui qu'on lui a fait articuler, que c'é-toit le ſieur de Godeheu qui avoit payé les gages de ſes domeſtiques depuis qu'elle s'étoit miſe en penſion chez lui.

On pourroit ſe diſpenſer après tout ce qui vient d'eſtre expliqué, pour faire voir que le contraire des faits de pretenduë regie, (qui ſont les ſept, huit & neuf de ceux admis) eſt juſtifié par des pieces inconteſtables, d'entrer dans l'examen des dépoſi-tions des témoins entendus ſur les meſmes faits ; cependant pour combattre les ad-verſaires du ſieur de Godeheu juſqué dans leurs retranchemens, on va entrer dans quelque diſcuſſion de ce que l'on a fait dire aux témoins ſur ce ſujet.

Examen des dépoſitions de l'Enqueſte ſur les ſept, huit & neuviemes Faits admis par la Sentence.

Le premier témoin cité dans la Requeſte de la Dame Triboulleau du 22 Juillet 1715 ſur ces faits, eſt Martineng Chirurgien premier témoin de l'Enqueſte, qui dit, que ce fut le ſieur de Godeheu qui le paya de ſes honoraires & penſemens de la Da-me Triboulleau, de la maladie qu'elle avoit euë en 1708 & 1709, qu'il ne lui de-manda point de quittance, & qu'en lui donnant de l'argent, il lui dit, *tenez, Mon-ſieur Martineng, voila ce que je vous donne pour les peines que vous avez priſes pour Madame Triboulleau.*

Cette dépoſition ne conclud rien moins que ce que l'on veut en induire ; le diſ-cours que Martineng dit que le ſieur de Godeheu lui a tenu, pourroit faire croire que le ſieur de Godeheu lui auroit lui meſme de ſon argent, fait une gratification pour les ſoins qu'il avoit pris de la Dame Triboulleau pendant ſa maladie, ce qui eſt au moins certain, eſt que le ſieur de Godeheu en lui donnant de l'argent ne lui a point demandé de quittance, & il s'enſuit de-là, que s'il l'a payé des deniers de la Dame Triboulleau, c'étoit elle qui les lui avoit remis pour faire ce payement ou qu'elle l'en a rembourſé de la main à la main ; de quelque maniere que l'on prenne la dépo-ſition, elle ne conduit nullement à établir une regie des biens de la Dame Triboul-leau par le ſieur de Godeheu.

Le deuxième témoin cité eſt Hebert deuxième témoin de l'Enqueſte, qui dit, que c'eſtoit avec le ſieur de Godeheu qu'il comptoit, & que celui-cy le payoit.

On a expliqué ſur le premier fait, les reproches contre ce témoin, qui ſont plus que ſuffiſants pour faire rejeter ſa dépoſition.

Au ſurplus ce qu'il dit que c'eſtoit le ſieur de Godeheu qui arreſtoit les comptes avec lui & le payoit, eſt abſolument faux, ſauf le reſpect de la Cour. Dans le temps dont il parle, qui eſt celui où la Dame Triboulleau tenoit ſon ménage chez elle, c'eſtoit elle qui entroit dans le détail de toute la dépenſe de ſa maiſon ; preuve par toutes les quittances d'Ouvriers & de Marchands qui ſont directement en ſon nom.

Bouchon Apoticaire quatriéme témoin de l'Enqueſte, dit, que quelques mois après la maladie de la Dame Triboulleau, un de ſes domeſtiques vint lui dire d'envoyer ſon memoire, & que le ſieur de Godeheu qui recevoit pour elle payeroit, qu'en effet ce fut le ſieur de Godeheu qui le paya & qu'il lui en donna quittance.

Ce que ce témoin dit, que le domeſtique de la Dame Triboulleau lui avoit dit, que le ſieur de Godeheu recevoit pour elle, eſt un diſcours de domeſtique qui ne merite aucune attention.

Il eſt vrai que c'eſt le ſieur de Godeheu qui a payé l'Apotiquaire, ſa quittance du 4 Decembre 1709, qui eſt la piece 257ᵉ de la cotte O en fait foy ; mais elle prouve en meſme temps que le ſieur de Godeheu faiſoit le payement de ſes deniers : il l'a compris dans ſon état du 27 Septembre 1709, & la Dame Triboulleau l'en a rembourſé ; mais il reſulte de cela meſme, (c'eſt-à dire, de ce que le ſieur de Godeheu en payant Bouchon a fait énoncer dans la quittance, que le payement ſe faiſoit par ſes mains & de ſes deniers) qu'il ne payoit pas comme regiſſeur & chargé de l'adminiſtration des biens de la Dame Triboulleau, ou comme s'ingerant de lui meſme d'une recette & d'une dépenſe pour elle ; car en ce cas, la diſtinction de ce qu'il payoit de ſes propres deniers, auroit eſté trés inutile.

La dépoſition de Leſcuier Marchand Epicier cinquiéme témoin, reçoit la meſme réponſe, on voit par ſa quittance du 25 Aouſt 1710 qui eſt la piece paraphée 315 *bis*, ſous la cotte O, qu'il a eſté payé par les mains & des deniers du ſieur de Godeheu qui a employé ce payement dans ſon état du premier Septembre 1710. Le ſieur de Godeheu ne payoit donc pas toûjours pour la Dame Triboulleau, ny comme comptable, mais quelquefois en avançant ſes deniers pour elle, il y a en effet pluſieurs quittances du meſme Leſcuier, qui ſont au nom ſeul de la Dame Triboulleau comme l'ayant elle-meſme payé ; ſçavoir ſous la cette G de la premiere production piece 110 & ſous la cotte D de la ſeconde production piece 114.

Le ſieur Julien, ſixiéme témoin, ne dit pas abſolument (comme on le rapporte dans la Requeſte de la Dame Triboulleau) que le ſieur de Godeheu faiſoit toute la dépenſe, mais que *pendant la maladie de la Dame Triboulleau*, c'etoit luy qui payoit toute la dépenſe, il ajoûte, *ainſi qu'il l'a ouy dire à toute la maiſon*. Premierement, ce n'eſt donc qu'un ouy-dire de domeſtiques ; mais d'ailleurs ſelon cet ouy-dire meſme le ſieur de Godeheu ne payoit la dépenſe que pendant la maladie de la Dame Triboulleau, étoit-ce eſtre régiſſeur de ſes biens que de ſe mêler de la dépenſe de ſon ménage pendant que ſa maladie la mettoit hors d'état d'entrer dans ce détail ? Le ſieur Julien adjoûte encore, qu'il a vû que le ſieur de Godeheu ordonnoit dans la maiſon, *parce que la Dame Triboulleau étoit hors d'état de le faire étant malade*, ce qui revient à ce que l'on vient de dire ſur ce ſujet.

Ce que l'on a fait dire à Leguillon Tapiſſier huitiéme témoin, que toutes les fois qu'il a reçeu de l'argent, c'eſt le ſieur de Godeheu qui l'a payé, eſt manifeſtement faux & détruit par ſes quittances.

Sous la cotte G de la premiere production de la Dame Triboulleau, piece paraphée 96 eſt une quittance de Leguillon du 27 Octobre 1706 de la ſomme de 72 livres qui luy a eſté payée par la Dame Triboulleau, la quittance eſt de la main d'Hebert.

Sous la cotte L piece 191 eſt un Memoire & quittance de Leguillon du 14 Juillet 1708 de la ſomme de 250 livres qu'il reconnoiſt avoir reçeu de la Dame Triboulleau, c'eſt donc elle-meſme qui a payé.

Sous la meſme cotte piece 210 autre Memoire de Leguillon de la ſomme de 46 livres en datté du 10 Juin 1709, il eſt vray que le corps de la quittance eſt écrit de la main du ſieur de Godeheu ; mais s'enſuit-il de là qu'il ait payé, n'arrive-t'il pas tous les jours que l'on fait écrire le corps de la quittance d'un Ouvrier par le premier que l'on trouve ſous ſa main, ou qu'on l'écrit ſoy-meſme, parce que la plûpart du temps les Ouvriers ne ſçavent que ſigner leur nom ? mais la quittance porte, que Leguillon a reçeu de la Dame Triboulleau ; ce n'eſt donc pas le ſieur de Godeheu qui l'a payé ?

On dira peut-eſtre, que quoique le ſieur de Godeheu payaſt, il faiſoit donner la quittance au nom de la Dame Triboulleau, mais premierement, ſi un pareil fait étoit admis, il n'y a perſonne qu'on ne pût ſur ce pied rendre comptable du bien d'autruy ; en diſant que c'eſt luy qui payoit, quoyque la quittance fut conçûë au nom de celuy dont on voudroit le rendre comptable, d'ailleurs il faut convenir que le ſieur de Godeheu n'agiſſoit point comme comptable & regiſſeur, lorſqu'il faiſoit rediger les quittances des payemens que la Dame Triboulleau faiſoit, directement en ſon nom ; car il ſe mettoit pas là hors d'état de s'en faire tenir compte. Au contraire (& l'on ne ſçauroit trop repeter cette obſervation) la précaution qu'il prenoit lors qu'il payoit de ſes deniers, de le faire énoncer dans les quittances, prouve invinciblement qu'il ne payoit pour elle que quand elle n'étoit pas en argent comptant pour s'acquitter.

Il ſe trouve ſous la cotte T piece 301 une quittance de Leguillon de cette eſpece, c'eſt à dire d'un payement qui luy a eſté fait le deuxiéme Juillet 1719 de la ſomme de 732 liv. 10 ſols par les mains & des deniers du ſieur de Godeheu, l'arreſté du Memoire eſt de la main du ſieur Julien, ſigné de la Dame Triboulleau, la quittance eſt de la main de Leguillon, qui a donc ſçû la diſtinction des payemens que le ſieur de Godeheu luy faiſoit de ſes deniers, d'avec ceux qui ſe faiſoient par la Dame Triboulleau & de ſes deniers.

Sous la cotte E de la ſeconde production, pieces 170 & 171 ſont deux quittances de Leguillon, l'une du 24 Mars 1707 ; l'autre du 7 Octobre 1706 ; l'une & l'autre directement au profit de la Dame Triboulleau, & toutes deux écrites & étiquettées de la main d'Hebert, ce qui marque que c'eſt elle-même qui a payé. Le témoin a eſté induit en erreur par ceux qui l'on inſtruit, lorſqu'il a dit, que c'eſtoit le ſieur de Godeheu qui l'avoit toûjours payé, & que la quittance eſtoit écrite de ſa main.

Louis Mouſcadet 9ᵉ témoin eſt, comme on l'a déja dit, un témoin reproché & dont la depoſition doit eſtre abſolument rejettée. Il eſt actuellement Laquais de la Dame Triboulleau. Au ſurplus ſa dépoſition en ce qu'on luy a fait dire que le ſieur de Godeheu faiſoit toute la dépenſe, & payoit les gages des Domeſtiques eſt évidemment fauſſe, puiſque le Regiſtre de la Dame Triboulleau, où Mouſcadet eſt employé ſur le pied de 120 livres par an, prouve directement le contraire.

Une autre fauſſeté de ſa dépoſition, & qui fait connoître qu'on la luy a dictée, ainſi qu'aux autres Domeſtiques, eſt en ce qu'on luy fait dire, que c'eſtoit le ſieur de Godeheu qui payoit toute la dépenſe de la maiſon de la Dame Triboulleau.

Car il eſt certain & prouvé par le Regiſtre des Domeſtiques, que Mouſcadet n'eſt entré au ſervice de la Dame Triboulleau en qualité de Laquais, que le 3 Juillet 1711, temps auquel elle eſtoit en penſion chez le ſieur de Godeheu ; & par conſequent on ne faiſoit point de dépenſe pour ſon menage, ni même pour ſes chevaux que le ſieur de Godeheu nourriſſoit ſuivant le traité des penſions. Or cela eſtant, ce que le témoin dit, que le ſieur de Godeheu faiſoit toute la dépenſe, eſt inutile, s'il a entendu parler du temps qu'il eſt entré au ſervice de la Dame Triboulleau ; & c'eſt une fauſſeté, s'il a entendu parler du temps que la Dame Triboulleau tenoit ſon menage, puiſque Mouſcadet qui n'a eſté ſon Laquais qu'en 1711, ne la connoiſſoit pas & ne pouvoit pas ſçavoir ce qui ſe paſſoit chez elle avant ce temps-là.

Anne de Saint Omer 10 témoin eſt dans le même cas que Mouſcadet, c'eſt la fille de Chambre de la Dame Triboulleau, employée en cette qualité ſur ſon livre qui fait foy, que c'eſtoit la Dame Triboulleau qui luy payoit ſes gages.

L'on a auſſi fait voir cy-deſſus ſur les ſecond & 3ᵉ Faits admis par la Sentence, que du Buiſſon eſt reprochable, & la maniere dont il s'eſt expliqué dans ſa dépoſition en fournit elle-même le reproche, puiſqu'il avouë qu'il a voulu ſe venger du ſieur de Godeheu, s'il eſt vray (comme il le dit) que c'eſt le ſieur de Godeheu qui l'a payé de de ſon travail, c'eſt qu'il en avoit l'ordre de la Dame Triboulleau, & qu'elle luy avoit remis l'argent pour le payer.

Le Duc 14ᵉ témoin à qui l'on donne la qualité du ſieur le Duc pour relever ſa dépoſition, & qui eſt un ancien Laquais de la Dame Triboulleau dit fauſſement (ſauf le reſpect de la Cour) que c'eſt le ſieur de Godeheu qui l'a payé de ſes gages, puiſque ſa quittance qui eſt la piece paraphée 127 de la cotte D de la ſeconde production de la Dame Triboulleau, porte qu'il a receu ſon payement de la Dame Triboulleau, & non du ſieur de Godeheu, la quittance eſt du 14 Mars 1707.

La dépoſition de Simon Henry 15 témoins, merite quelque diſcuſſion pour faire connoître juſqu'où a eſté l'aveuglement de ceux qui luy ont ſuggeré ce qu'il a dit, il en reſultera en même-temps une conſequence toute naturelle, du danger qu'il y a d'admettre une preuve par témoins de Faits qui suivant la disposition des Ordonnances, ne doivent estre prouvés que par écrit.

On fait dire à ce témoin, 1°. Que c'est le sieur de Godeheu qui luy donnoit ses ordres pour les façons des vignes de Coulanges, & qui le payoit de tout ce qu'il dépensoit.

2°. Qu'il a envoyé au sieur de Godeheu une fontaine de cuivre rouge & deux paires de grands chenets à pomme de cuivre qui estoient au lieu de Coulanges, sur l'ordre que le sieur de Godeheu luy en avoit donné, que le tout a esté porté chez le sieur de Godeheu.

Le premier des deux Faits de cette deposition, est, sauf correction, absolument faux, & le contraire justifié par écrit.

1°. C'est la Dame Triboulleau, qui donnoit elle-même ses ordres, pour la façon de ses vignes de Coulanges; & si le sieur de Godeheu a quelquefois écrit sur ce sujet à ceux qui en prennoient le soin, c'estoit à la priere de la Dame Triboulleau, & pour la soulager.

Preuve par les lettres écrites à la Dame Triboulleau par le sieur Baudesson Maire d'Auxerre les 9 Novembre 1708, 10 Janvier 1709, & 17 Decembre 1711, produites sous la cotte D de la premiere production, pieces 218, 219, 220, & 225. Par ces lettres, dont le sieur de Godeheu produira des copies, le sieur Baudesson s'adressoit à la Dame Triboulleau elle mesme pour lui demander l'argent qu'il avoit avancé pour la façon de ses vignes, & lui en accusoit la reception, il lui rendoit en mesme temps compte des achats qu'il avoit faits de ce qui estoit necessaire pour les vignes; par celle du 17 Decembre 1711, il marquoit à la Dame Triboulleau qu'il lui adressoit le Memoire du sieur Henry pour la dépense des vignes & ensemencer les terres, & lui marquoit, (ce qu'il est important d'observer,) qu'il avoit reçû d'elle 100 livres en partant de Paris, sur quoi il avoit donné au sieur Henry en arrivant 50 livres, & lui marquoit ce qui lui estoit dû de reste; l'on voit donc par-là, que c'estoit la Dame Triboulleau qui entroit elle mesme dans le détail du produit & de la dépense de ses vignes de Coulanges.

2° Il n'est pas moins faux que ce soit le sieur de Godeheu qui ait compté avec Simon Henry & qui l'ait payé; il est justifié au contraire par des pieces que la Dame Triboulleau rapporte elle mesme, qu'elle comptoit avec le sieur Henry ou avec le sieur Baudesson Maire d'Auxerre, qui avoit une espece de surintendance des vignes de la Dame Triboulleau à Auxerre, & donnoit les ordres au sieur Henry, que c'étoit elle qui payoit & faisoit payer, qui donnoit les ordres pour les vendanges & disposoit du vin qui se recueilloit dans ses vignes de Coulanges.

1° L'on trouvera cotte G de la premiere production piece 40ᵉ; un memoire du sieur Henry du 30 Mars 1707, écrit de la main d'Hebert avec la quittance de la même main, de la somme de 391 livres 16 sols.

Il y a sous la cotte D de la seconde production, un autre memoire & quittance du même Henry, de la somme de 308 livres 16 sols, aussi en datte du 30 Mars 1707; la premiere estoit pour les façons des vignes faites avant le deceds du sieur Triboulleau, & l'autre depuis le deceds du sieur Triboulleau; on les a distingué par deux memoires separez, parce que la dépense du premier memoire entroit dans le compte de communauté.

2° Cote E de la premiere production piece 183ᵉ, quittance de Henry du 31 Mars 1708, de la somme de 586 livres qu'il reconnoist avoir reçû de la Dame Triboulleau pour les façons de ses vignes.

3° Cotte O piece 244ᵉ; memoire de Henry portant quittance de 197 livres 1 s. par les mains & des deniers du sieur de Godeheu en datte du 27 Septembre 1709. Ce payement a esté employé dans l'état du 27 Septembre 1709.

4° Cotte X piece 318ᵉ; memoire de Henry & quittance de 382 livres, en datte du 3 Avril 1709; par les mains & des deniers du sieur de Godeheu qui l'a employé dans son état du premier Septembre 1710; cela fait voir la distinction qui se faisoit des payemens qu'il avançoit pour la Dame Triboulleau, de ce qu'elle payoit elle-meme.

5° sous la même cotte piece 326ᵉ; quittance de Henry de 225 livres 11 s. en datte du 30 Mars 1711 des deniers du sieur de Godeheu, mais qui n'est comprise dans aucun état; ce qui marque qu'il en a esté remboursé par la Dame Triboulleau, de la main à la main.

6° Cotté D de la feconde production piece 155 ; memoire du nommé Mouille-ron domeftique de la Dame Triboulleau, pour les frais de vendanges des vignes de Coulanges en 1707.

7° Cotte D piece 166 ; quittance de Baudeffon du 24 Janvier 1708 de 100 liv. qu'il avoit donné pour la Dame Triboulleau.

Et fous la même cotte piece 255 ; un memoire & une lettre du fieur Baudeffon adreffée à la Dame Triboulleau chez le fieur de Godeheu en datte du 17 Decembre 1711, par laquelle lettre il mandoit qu'on lui envoyât 162 livres 10 f. pour ce qu'il avoit avancé.

8° Le fieur de Godeheu joindra à l'inftance, une lettre écrite par la Dame Tri-boulleau au nommé Geuvin le 25 Septembre 1711, par laquelle elle lui donnoit fes ordres pour faire fes vendanges à Coulanges dans laditte année 1711, la lettre eft écrite d'une main étrangere, & fignée de la Dame Triboulleau.

On croit devoir obferver comme un fait, dont la Dame Triboulleau ne pourra pas difconvenir, que Geuvin avoit efté affigné à fa requefte, pour dépofer dans l'Enquefte faite devant Monfieur Aubry, & qu'on a retiré de lui l'Exploit qui lui avoit efté don-né, lorfqu'on a connu que fans vouloir recevoir les inftructions que l'on prétendoit lui donner, il declaroit qu'il diroit fincerement la verité ; ce que l'on juftifiera à la Cour fi elle le juge à propos.

L'autre fait dont on a fait dépofer le fieur Henry qu'il a envoyé une fontaine de cuivre rouge & deux paires de grands chenets à pomme de cuivre qui étoient à Coulanges, fur l'ordre que le fieur de Godeheu luy en avoit donné, ce fait (difons nous) peut-eftre veri-table, il eft vray du moins que ces meubles de cuivre ont efté envoyez à Paris par le fieur Henry, mais l'induction que la Dame Triboulleau a prétendu en tirer pour dire que le fieur de Godeheu en avoit fait fon profit, eft fauffe, fauf le refpect de la Cour ; car c'eft la Dame Triboulleau elle-mefme qui a difpofé des chenets à pomme de cuivre, les ayant donnez en payement à Crofnier Marchand Chaudronier, ainfi qu'il eft juftifié par un certificat de la fille dudit Crofnier qui fe mêle du détail de la boutique, par le-quel elle certifie qu'en l'année 1707 elle a troqué avec la Dame Triboulleau deux vieilles paires de chenets de potin ; & qu'elle luy en a tenu compte fur ce qu'elle luy devoit dans la quittance qu'elle luy en a donnée le 31 Mars 1708. Cette quittance eft la piece 174 de la cotte D de la feconde production de la Dame Triboulleau, & eft de la mefme main que le certificat que le fieur de Godeheu joindra à fa production.

La dépofition de Magdelaine Defchamps Cuifiniere ; feiziéme témoin, eft manifefte-ment fauffe dans tout ce qu'elle contient, elle fait connoître elle-mefme qu'elle avoit du reffentiment contre le fieur de Godeheu, puifqu'elle dit, *qu'il luy fit tant de peine qu'elle fut obligée de luy demander fon congé* ; elle fe mêle de raifonner dans fa dépofition en di-fant, *qu'il falloit bien que le fieur de Godeheu receut tout, puifqu'il faifoit la dépenfe de tout*, en quoy elle fort du caractere de témoin, qui doit dire fimplement ce qu'il fçait, & non pas faire des raifonnemens & tirer des confequences.

Au furplus, on a fait dire à cette cuifiniere contre la verité, que c'eftoit le fieur de Godeheu qui comptoit avec elle, & lui donnoit tout l'argent pour la dé-penfe, & cela dans le temps que la Dame Triboulleau tenoit fon ménage ; le regif-tre produit par la Dame Triboulleau cotte T de fa premiere production, fait foy du contraire, puifque toute la dépenfe qui y eft écrite, jour par jour, eft de la main ou d'Hebert ou de le Deuil fucceffivement commis de la Dame Triboulleau, qu'il y a dans plufieurs pages de ce regiftre de l'écriture ou des chiffres de la main de la Dame Triboulleau pas un feul arrefté ni rien d'écrit de la main du fieur de Godeheu.

Autre fauffeté, de lui avoir fait dire que le fieur de Godeheu payoit tous les do-meftiques, & qu'il l'a payée de fes gages ; le livre rapporté par la Dame Triboulleau & dont on a parlé cy-deffus, prouve que c'eftoit elle feule qui fe mefloit de payer fes domeftiques & de compter avec eux ; il eft vrai que la Defchamps n'eft pas employée fur ce regiftre, qui n'a efté fait apparemment, que depuis que la Dame Triboulleau a quitté fon ménage : mais il refulte neceffairement de ce qu'elle feule s'eft meflée de compter avec fes domeftiques, & de les payer depuis qu'elle a demeuré en penfion chez le fieur de Godeheu ; qu'à plus forte raifon elle entroit dans ce détail lorfqu'elle tenoit fon ménage dans fa maifon prés faint Gervais.

La dépofition de Charles Marin cocher 17e témoin fe trouve détruite par les mê-mes obfervations.

Il en eſt de même de celle de Barbe le Gendre 18ᵉ témoin, ce qu'elle dit que le ſieur de Godeheu payoit tous les domeſtiques, & faiſoit entierement toute la dépenſe de la maiſon, eſt démenti, tant par le livre de dépenſe produit cotte *T*, que par ce-luy concernant les domeſtiques.

Pierre le Deüil 19 témoin eſt abſolument reprochable par les raiſons qui ont eſté expliquées ſur les premier, deux, & troiſiéme des faits admis, où l'on a fait voir entr'autres qu'il ſe contredit dans ſa dépoſition ; d'ailleurs il convient luy-même que c'eſtoit luy qui écrivoit la dépenſe de la Cuiſiniere ſur un regiſtre particulier, (c'eſt celuy que la Dame Triboulleau a produit ſous la cotte *T*, & qu'elle avoit emporté avec elle en ſe retirant de chez le ſieur de Godeheu, puiſqu'il n'a point eſté inventorié,) ce qu'il ajoûte que c'eſtoit le ſieur de Godeheu qui arreſtoit la dépenſe eſt faux, ſauf le reſpect de la Cour, puiſqu'il ne ſe trouve ſur ce regiſtre ny ailleurs aucuns arreſtés de la main du ſieur de Godeheu, aucuns chiffres qu'il ait écrits.

Mais il eſt important d'obſerver au contraire ce que l'on a déja dit, mais qu'il eſt bon d'expliquer avec plus de détail, que ſur ce regiſtre on trouve en pluſieurs endroits, & de l'écriture, & des chiffres de la main de la Dame Triboulleau, ce qui prouve demonſtrativement que c'eſtoit elle-même qui arreſtoit ſa dépenſe; fol. 5° v° du livre (à prendre du coſté qu'il s'ouvre naturellement,) il y a au milieu de la page trois chiffres de la main de la Dame Triboulleau qui contiennent le calcul de la dépenſe juſqu'à cet endroit, à 47 livres 10 ſols : au bas de la même page de la main de la Dame Triboulleau *commence 80 livres le 23 Aouſt* ce qui eſt repeté ſur le même fol. v° au commencement, au bas de la page en marge, & à la fin des chiffres de ladite Dame, de même ſur le *6 v°* & *3°* & au bas du *7 v°* un arreſté de ſa main à 21 livres 15 ſols, d'autres chiffres ſur le fol. *7 v°* & au bas du recto du 8ᵉ feuillet, il eſt écrit de la main de la Dame Triboulleau, *les 180 livres ſont finis depuis le 29 Aouſt.* Ce qui prouve qu'elle vouloit ſçavoir ſon compte & qu'elle marquoit le jour qu'elle avoit donné de l'argent pour la dépenſe & le jour qu'il étoit fini.

Au haut du meſme feuillet v° étoit écrit de la main de la Dame Triboulleau, *Je ſuis venue demeurer ici avec Monſieur de Godeheu.* Ce qui a eſté depuis effacé, mais on trouve en marge, *commencé le premier Septembre*, c'étoit quelque ſomme d'argent ſur laquelle elle avoit commencé ce jour-là de faire la dépenſe.

Au bas du neuviéme feuillet *recto* eſt écrit de ſa main : *Je ſuis venu demeurer avec Monſieur de Godeheu le 26 Octobre 1709*, au haut du meſme feuillet *verſo* eſt auſſi écrit de la main de ladite Dame *reçû de Monſieur de Godeheu*, mais on connoît à l'inſpection que cela a eſté mis aprés coup d'une encre plus fraîche que le reſte & dans un endroit trop prés du bord pour croire que l'on y eut écrit, ſi le reſte de feuillet avoit eſté blanc.

On trouve ſur le feuillet 24 *verſo* d'un autre main que le ſurplus de l'écriture du Re-giſtre, *eſt allée à Saint Cloud le 21 May 1711, où Madame a fait tenir un cahier vo-lant de ſa dépenſe.*

Ce Cahier eſt auſſi produit, & l'on y voit fol. 2 *verſo* (ce qu'il eſt tres-important d'ob-ſerver) *du commencé 500 livres*, & en marge de la meſme main qui eſt celle du ſieur Julien, *provenant de la terre de Monſieur Sanguin*, le ſieur Sanguin, autrement de Mandegris, étoit un debiteur de la Dame Triboulleau qui luy devoit des arrerages, la mention que les 500 livres ſur leſquels il eſt dit en cet endroit que la Dame Triboul-leau avoit commencé à dépenſer, provenoient de la terre du ſieur Sanguin, preuve donc que c'étoit elle-meſme & non le ſieur de Godeheu qui avoit touché cette ſomme, & que c'étoit elle qui recevoit effectivement ſes revenus, que devient donc l'idée d'une regie comptable par le ſieur de Godeheu ?

Au ſurplus ce petit cahier juſtifie, de meſme que le regiſtre, que la Dame Triboulleau faiſoit elle meſme ſa dépenſe : elle y marquoit l'argent qu'elle mettoit à part pour des menuës dépenſes. Par exemple folio 4 *verſo 6 recto* 7, 8 & 10 on trouve *commencé 50 liv. commencé 100 livres un tel jour*, elle vouloit donc ſçavoir ce qu'elle dépenſoit, & elle avoit de quoy fournir à ſa dépenſe, qu'elle touchoit elle-meſme de ſes revenus.

Reprenons le grand Regiſtre ſur lequel il y a encore une obſervation tres-importan-te à faire, c'eſt qu'au folio 25 *recto*, on trouve écrit en teſte de la main du ſieur Julien du 20 Janvier 1712 *commencé 500 livres*, cela prouve déja que la Dame Tri-boulleau avoit touché directement ces 500 livres; car on ne dit pas que ce fut du ſieur de Godeheu.

Mais ce qui est beaucoup plus important, c'est qu'aprés ces termes que l'on vient de rapporter, il y a une demi- ligne d'écriture effacée avec beaucoup de soin, pour empêcher que l'on ne puisse découvrir ce qui étoit sous la rature, laquelle est constamment d'une autre encre & plus nouvelle que l'écriture, on ne laisse pourtant pas de pouvoir démêler qu'il y avoit sous cette rature *pris sur les*, il est impossible de lire ce qui étoit avant ce qui designe le mot de livres ; mais enfin il est aisé de connoître que les 500 livres avoient esté pris sur une plus grosse somme que la Dame Triboulleau avoit receuë, & c'est ce qu'on a voulu qui ne pût estre lû, & pourquoy cet endroit du Regis-tre a esté effacé avec tant de précaution.

Ce Registre avec le petit Cahier, contenant la dépense de la Dame Triboulleau à saint Cloud, avoit esté emporté par elle lors qu'elle sortit furtivement de la maison du sieur de Godeheu au mois de Fevrier 1713, il n'a point esté inventorié ny paraphé par le Commissaire, on ne l'avoit pas mesme d'abord produit, & l'on ne s'y est résolu que lorsque le sieur de Godeheu en a demandé la representation, c'est pour lors que les adversaires du sieur de Godeheu l'ont produit, mais ce n'a esté qu'aprés y avoir fait quelques additions & radiations pour prévenir quelques-unes des inductions qui en resultoient contre eux.

Mais malgré leurs mauvais artifices pour tâcher de défigurer cette piece, il en résulte toûjours contre ce qu'ils ont inspiré à leurs témoins mandiez & corrompus. 1° Que la Dame Triboulleau recevoit elle-mesme ses revenus, & qu'elle n'avoit besoin ny de Regisseur ny d'Intendant. 2° Qu'elle entroit elle-mesme dans le détail de sa dépense, tant dans le temps qu'elle tenoit elle mesme son ménage, que depuis, elle arrêtoit les comptes de sa cuisiniere & luy donnoit de l'argent pendant qu'elle demeuroit dans sa maison prés saint Gervais, elle faisoit ses menuës dépenses & charitez, & l'entretien & payement de ses domestiques, depuis qu'elle se fut mise en pension chez le sieur de Godeheu.

Comment conciliera-t'on ces faits justifiez par écrit & par le propre Registre de la Dame Triboulleau avec ce que l'on a fait dire à ses témoins ?

Il seroit inutile aprés cela de s'arrester à détruire en particulier les dépositions de plu-sieurs témoins citez dans cet endroit de la requeste de la Dame Triboulleau, ce qu'on leur a fait dire, que c'étoit le sieur de Godeheu qui comptoit avec eux & les payoit, est démenty tant par leurs quittances qui sont au nom de la Dame Triboulleau, que par son Registre ; & au reste quand mesme le sieur de Godeheu auroit quelques fois arresté des parties d'Ouvriers & Marchands, qu'en resulteroit-il, devient-on hom-me d'affaires & comptable pour arrester des parties d'Ouvriers pour une autre person-ne qui paye ensuite, se fait donner quittance & la garde pardevers soy ?

Mais on ne peut se dispenser de dire quelque chose au sujet de la déposition du sieur Robin, Prestre Habitué-Sacristain de Saint Gervais, 41e témoin. Il dit que ce fut le sieur de Godeheu qui le vint trouver le 9 Decembre 1706, pour payer ce qui estoit dû du convoy du défunt sieur Triboulleau, & qui le paya, qu'en Juillet 1707 le mesme sieur de Godeheu luy paya en sa maison ruë Geoffroy Lasnier l'anniver-saire du sieur Triboulleau, & qu'au mois de Novembre 1707, il luy paya 60 livres pour le luminaire, pain & vin de l'anniversaire.

Jusques-là il n'y a rien à dire contre cette déposition; le sieur Robin depose d'un fait qui est de sa connoissance, mais quelle induction en pourroit-on tirer ? n'estoit-il pas naturel que la Dame Triboulleau fit payer par d'autres que par elle les frais de l'enterrement de son mary ? une veuve n'entre guere dans un compte de cette nature, & au reste la quittance des frais funeraires donnée par le sieur Robin est conçuë au nom de la Dame Triboulleau qui l'a employé dans son compte de communauté.

Mais ce que ce bon Prestre plus zelé aparemment pour les interests des parties ad-verses du sieur de Godeheu, que pour la verité, adjoute dans sa déposition, merite d'estre observé. *Il dit qu'il sçait par le bruit commun du quartier que le sieur de Godeheu estoit le maistre, regentoit, ordonnoit dans la maison de la Dame Triboulleau depuis la mort de son mary, & indisposoit ladite Dame contre le sieur de Bondis son fils.* Où le sieur Robin a-t'il appris qu'un homme de son caractere dût s'expliquer sur des pre-tendus ouis-dire, & sur ce qu'on appelle la gazette du quartier? ne devroit-il pas sçavoir que rien n'est plus sujet à caution que ces sortes de discours, & luy conve-noit-il de dire sur d'aussi mauvais garands que des bruits du quartier, que le sieur de

Godeheu indifpofoit la Dame Triboulleau contre le fieur de Bondis, lorfqu'il eft éctain au contraire que le fieur de Bondis a toûjours vû la Dame Triboulleau & à Paris & à Saint Cloud toutes les fois qu'il l'a fouhaité.

L'on ne s'eft peut-eftre que trop étendu fur la refutation des dépofitions qui concernent les 7, 8, & 9ᵉ faits dont la preuve a efté admife ; mais on a cru de la part du fieur de Godeheu ne devoir rien omettre pour détruire ces faits, parce qu'ils font trés-importants par rapport à la vûë principale & unique de fes adverfaires de le rendre comptable d'une regie & adminiftration des biens de la Dame Triboulleau.

En effet la Cour eft fuppliée de faire reflexion que ce qui peut feul rendre un homme comptable du bien d'autruy, eft la preuve du fait qu'il a reçû fes revenus, foit comme Tuteur, Procureur, ou *negotiorum Geftor*, & qu'il a de mefme fait la dépenfe, payé les dépenfes journalieres, compté avec les Ouvriers & Marchands, & payé les gages des domeftiques.

Sans cette regie journaliere & continuë, qu'un homme ait d'ailleurs touché quelques fommes pour un autre, par exemple, des rembourfemens ou certains revenus, il ne peut eftre comptable que de ce que l'on juftifie fpecifiquement qu'il a reçû, & non d'autre chofe; de mefme s'il a feulement payé quelque chofe pour autruy, il a une action particuliere pour le repeter, mais nul compte d'adminiftration à rendre.

C'eft pour cela que les adverfaires du fieur de Godeheu qui vouloient le rendre comptable d'une regie univerfelle, ont articulé les faits qui y conduifoient, fçavoir qu'il avoit fait toute la dépenfe de la maifon de la Dame Triboulleau tant de bouche qu'autre depuis le deceds du fieur Triboulleau, qu'il avoit compté avec tous les Marchands & autres qui avoient fourny les habits & linge à la Dame Triboulleau, & les avoit payés; que depuis que la Dame Triboulleau avoit demeuré chez luy, il avoit continué de faire la dépenfe pour l'entretien de fon caroffe & de fes chevaux, & pour le payement des gages de fes domeftiques.

On convient que ces faits, s'ils eftoient prouvez, emporteroient l'obligation de la part du fieur de Godeheu de rendre un compte de regie, mais auffi s'ils ne le font pas, s'ils font au contraire détruits, il en doit refulter que la Dame Triboulleau eft abfolument mal fondée dans cette demande.

Or c'eft à quoy l'on fe flatte d'avoir réüffi par tout ce qui a efté cy-deffus expliqué, & fur tout en ce que l'on a fait voir que le contraire des faits articulez de la part de la Dame Triboulleau, eft précifément prouvé par écrit, par les quittances qu'elle raporte, & dont une partie n'a efté communiquée que parce qu'elle a efté condamnée de les reprefenter, par le livre journal qu'elle a tenu de fa dépenfe, par celuy de fes domeftiques, & en un mot par toutes les pieces du procés.

On croit même pouvoir dire avec confiance que fi ces preuves par écrit avoient efté expofées dans tout leur jour avant la Sentence Interlocutoire du 16 Avril dernier, la Cour n'auroit point admis la preuve par témoins. Elle eft trop éclairée & trop inftruite des regles pour croire qu'elle eut authorifé la preuve par témoins contre le texte précis de l'Ordonnance qui la rejette abfolument lors qu'on entreprend de prouver le contraire des actes par écrit.

C'eft au fieur de Godeheu à s'imputer d'avoir negligé par une trop bonne opinion de fa défenfe, d'entrer dans le détail des faits articulez par la Dame Triboulleau par fa Requefte du 12 Aouft 1713, pour les confondre (comme il pouvoit dés lors faire) par les pieces mêmes qu'elle avoit produites quoyqu'elle n'en eût encore communiqué que la moindre partie.

Mais enfin le préjudice apparent de cette Sentence interlocutoire eft plus reparable que jamais par la Cour mefme, puifque les inductions juftes & naturelles que l'on tire & des pieces de la premiere production, & de celles que la Dame Triboulleau vient d'eftre forcée de reprefenter, donnent un éclairciffement parfait aux faits dont la preuve a efté admife & les détruifent d'une maniere invincible; qu'elles prouvent par confequent & la fauffeté & l'abfurdité des dépofitions des témoins appoftez, que l'on a fait entendre fur cela dans l'Enquefte da Dame Triboulleau.

DIXIE'ME

DIXIE'ME FAIT, (ONZIE'ME *suivant la Requeſte.*)

Que le ſieur de Godeheu a reçû tous les rembourſemens des rentes qui ont eſté faits volontairement, & de toutes les autres ſommes éxigibles qui ont eſté payées.

ONZIE'ME FAIT, (DOUZIE'ME *suivant la Requeſte.*)

Que le ſieur de Godeheu a ſollicité au nom de la Dame Triboulleau ſans ſa participation, & ſous des prétextes ſuppoſez les debiteurs des Contrats de conſtitution à rembourſer, il a même neceſſité pluſieurs d'entre eux à ces rembourſemens par ſes importunitez & mouvemens, qu'il a même offert à quelques-uns d'eux de leur fournir les deniers neceſſaires pour parvenir à ces rembourſemens.

On croit devoir d'abord obſerver que ces deux faits (que l'on accolle dans la Requeſte, parce qu'ils ſont en effet de meſme eſpece) ne conduiſent point à la preuve d'une regie generale & univerſelle; ſi le ſieur de Godeheu avoit touché quelques rembourſemens ou autres ſommes principales appartenantes à la Dame Triboulleau, il en ſeroit comptable; mais non de tous ſes biens & revenus. Il ſeroit quitte à cet égard en rapportant une décharge ou juſtifiant de l'employ du rembourſement qu'il auroit receu, ſans qu'on pût luy demander compte d'autres choſes.

Mais il faut faire voir que le fait des rembourſemens que l'on a articulé avoir eſté receus par le ſieur de Godeheu, n'eſt pas moins contraire aux preuves par écrit, que ceux de la prétenduë regie des revenus, aprés quoy on entrera dans quelques diſcuſſions des dépoſitions de l'Enqueſte qui concernent les deux Faits en quéſtion.

La preuve du Fait que c'eſt la Dame Triboulleau qui a elle-même receu les rembourſemens des principaux des rentes ou des autres ſommes exigibles qui luy eſtoient deus, reſulte d'un côté de ce que c'eſt elle qui a donné les quittances de ces rembourſemens, ou qui a remis aux debiteurs des ſommes exigibles le titre de leurs dettes; & de l'autre de ce qu'à l'égard des rembourſemens qui luy ont eſté faits dans l'intervalle entre le decés du ſieur Triboulleau ſon mary, & le compte qu'elle a rendu à ſes enfans, elle les a employez en recette dans le même compte.

Premierement, il eſt certain que naturellement & de droit on preſume que celuy qui a donné quittance d'une ſomme, l'a effectivement receuë, quand même il auroit remis ſa quittance entre les mains d'un autre pour toucher en ſon nom, parce que pour lors il eſt cenſé ne s'eſtre ſervi du miniſtere d'autruy, que pour aller recevoir & luy apporter des deniers contenus dans la quittance qu'il luy a confiée. Encore plus s'il a eſté luy même preſent à la numeration des deniers dont il a donné la quittance.

Il ne peut y avoir d'autre reſſource pour celuy qui a ſigné une quittance, s'il prétend, ou qu'il n'a point effectivement touché les deniers, ou qu'ils luy ont eſté ſouſtraits & enlevez par un autre, que des proteſtations ou une plainte en Juſtice contre le vol qui luy a eſté fait, & c'eſt pour lors à luy à rapporter des preuves (mais des preuves claires & ſenſibles) du Fait qu'il allegue, puiſque le crime ne ſe preſume point.

En ſecond lieu, de ce qu'une perſonne comptable de l'argent qu'elle recevoit, en a effectivement compté, il s'enſuit qu'elle l'a réellement touché; & que tant elle que ceux à qui elle a rendu compte, ſont abſolument non recevables à alleguer qu'un autre ait profité des deniers dont elle a compté.

Examinons ſur ces deux principes le Fait des rembourſemens qui ont eſté faits à la Dame Triboulleau; & voyons s'il eſt poſſible d'imaginer qu'ils ayent eſté receus par d'autres que par elle-même.

Le premier rembourſement qui ſe preſente ſuivant l'ordre des dattes, eſt d'une ſomme de 9300 livres qui eſtoit deuë à la communauté des ſieur & Dame Triboulleau par

N

un billet au porteur de Darboulin Marchand de vin.

Il eſt conſtant que ce billet après avoir eſté inventorié, avoit eſté remis ou laiſſé entre les mains de la Dame Triboulleau. Elle ſeule a donc eſté en eſtat de le rendre, & il eſt ſans apparence qu'elle l'ait rendu ſans en avoir touché la ſomme y contenuë. Il ne peut y avoir eu de quittance donnée par la Dame Triboulleau pour cette ſomme, parce qu'en matiere de ſomme deuë par billet au porteur, la décharge ne s'en donne que par la reſtitution du billet.

Mais ce qui eſt certain ſuivant le compte de communauté rendu par la Dame Triboulleau à ſes enfans, deuxiéme chapitre de recette, eſt qu'elle a touché du ſieur Darboulin dès le 4 Aouſt 1706 la ſomme de 9300 livres portée par le billet qu'il en avoit fait au profit du ſieur Triboulleau, en quoy ce compte quadre avec la dépoſition de Langlumé Commis du ſieur Darboulin, 49e témoin qui dit, que le 4 Aouſt 1706, il a payé 9300 livres pour l'acquittement du billet du ſieur Darboulin.

Il eſt à obſerver que ſuivant cette datte le payement a eſté fait un mois après le decés du ſieur Triboulleau, qui eſt mort le 3 Juillet 1706. On ne s'imaginera pas que dans ce temps là ſi proche du decés du ſieur Triboulleau, la Dame Triboulleau ſe fut tellement livrée au ſieur de Godeheu, qu'elle l'eût laiſſé le maître de retenir une ſomme de 9300 livres qui luy appartenoit.

Elle n'eſtoit pas aſſez en argent comptant, & elle avoit d'ailleurs trop de dépenſes neceſſaires à faire dans cette conjonĉture, pour ſe laiſſer ſevrer d'un argent auſſi conſiderable que celuy là. L'Inventaire du ſieur Triboulleau fait foy qu'il ne s'eſtoit trouvé que 196 livres d'argent comptant dans ſa maiſon au jour de ſon decés. Il y avoit des frais funeraires & de deüil à payer, des gages de Domeſtiques, des parties d'Ouvriers, & de Marchands à acquitter.

Si donc on pouvoit adjoûter foy à ce que Langlumé a dépoſé ſur ce ſujet, que ce fut entre les mains du ſieur de Godeheu qu'il paya les 9300 livres du billet de Darboulin, il n'en pourroit reſulter autre choſe ; ſinon que la Dame Triboulleau auroit prié le ſieur de Godeheu de voir compter l'argent & les billets de monnoye que Langlumé donnoit en payement du billet de 9300 livres, pour luy remettre enſuite ce qu'il auroit touché ; & la preuve que le tout a eſté remis à la Dame Triboulleau, eſt d'un coſté qu'elle a rendu le billet de Darboulin dont elle eſtoit ſeule depoſitaire, & de l'autre qu'elle ne s'eſt jamais plaint que le ſieur de Godeheu luy eut retenu cette ſomme.

D'ailleurs on voit par le compte de communauté 1º que (comme on vient de l'obſerver) elle s'eſt chargée en recette envers ſes enfans de la ſomme de 9300 livres du billet de Darboulin. 2º Qu'elle a payé pluſieurs dettes du ſieur Triboulleau dés l'année 1706. 3º Qu'elle a donné aux Dames Guichon & Pinſonneau à chacune une ſomme de 1000 livres pour leur deüil. Où auroit-elle pris l'argent pour fournir à ces dépenſes, n'en ayant point trouvé dans le coffre de ſon mary après ſon deceds, ſi elle n'avoit pas effectivement profité du payement fait par Darboulin & des autres rembourſemens qui luy ont eſté faits à peu prés dans ce meſme temps ?

Le ſecond rembourſement eſt celuy fait par Jean Deſliens marchand de vin le 13 Novembre 1706 d'une ſomme de 20866 livres 13 ſ. 6 d. ſçavoir 20000 livres de principal, & 866 livres 13 ſ. 6 d. pour les intereſts & arrerages par luy dûs du prix de la vente que le ſieur Triboulleau luy avoit faite de ſa charge de l'un des douze Marchands de vin privilegiés ſuivant la Cour.

Le ſieur de Godeheu joindra à l'inſtance l'expedition qu'il s'eſt fait délivrer par le Moine Notaire de la quittance de ce rembourſement, par laquelle la Cour verra 1º que la quittance a eſté reçüe par le Moine Notaire, celuy meſme dont les enfans de la Dame Triboulleau ſe ſervent pour Conſeil, & qui eſt entré dans leur paſſion juſques à faire des notes & des commentaires des plus injurieux au ſieur de Godeheu ſur les pieces qu'ils ont produites, c'eſt donc un homme dont le témoignage ne peut pas leur eſtre ſuſpect.

2º La quittance porte *que Deſliens a baillé & payé à la Dame Triboulleau tant en billets de monnoye, conformément à la Declaration du Roy, qu'en Louis d'argent & monnoye, comptez preſens les Notaires ſouſſignez 20866 livres 13 ſ. 6 d. dont il y en a &c.* Voilà donc une numeration d'eſpeces à la Dame Triboulleau elle-meſme, l'acte a eſté paſſé dans ſa maiſon.

3° L'acte est passé en la presence du sieur de Bondis & des sieur & Dame Guichon, à qui il appartenoit moitié du remboursement de Desliens comme legataires universels du sieur Triboulleau, & l'acte porte que la Dame Triboulleau a promis de le faire approuver & ratifier par les sieur & Dame Pinsonneau.

Elle y a satisfait, puisque par un acte estant ensuite de la quittance en datte du 25 Novembre 1706, les sieur & Dame Pinsonneau ont approuvé & ratifié cette quittance.

Se peut-il une preuve par écrit plus authentique, & plus certaine que cet acte pour justifier que la Dame Triboulleau a effectivement touché le remboursement fait par Desliens ? dira-t'on que ce soit le sieur de Godeheu qui ait mis la main sur ce remboursement, lorsque l'on voit par la quittance qu'il a esté fait à la Dame Triboulleau dans sa maison, en presence de tous les enfans du second lit, que c'est elle-mesme qui a remis à Desliens la grosse du contrat qui le constituoit debiteur, & enfin que cette quittance porte numeration d'especes faite, à elle-mesme en presence de le Moine Notaire ?

Aprés cela quelle induction peut-on tirer de ce que l'on a fait dire à Hebert second témoin (mais reprochable par une infinité d'endroits) *qu'il ne sçait ce qu'est devenu le remboursement d'une somme d'environ 10000 liv. qu'il avoit sollicité le sieur Desliens de faire.*

Que ce témoin ne sçache pas ce qu'est devenu ce remboursement, c'est ce qui est plus qu'indifferent ; car la Dame Triboulleau n'avoit point de compte celuy en rendre , & il ne s'ensuit assurément pas de là que le sieur de Godeheu en ait profité (il dit qu'il avoit sollicité le sieur Desliens de faire ce remboursement) cela peut-estre , mais il ne dit pas que ce fut de la part ou par les ordres du sieur de Godeheu, il ne l'auroit pas omis si cela avoit esté, sa déposition toute affectée & fausse qu'elle est d'ailleurs , est donc inutile à cet égard.

A quoy l'on croit pouvoir ajoûter, que le témoin que l'on auroit dû naturellement faire entendre sur le fait de ce remboursement, étoit Jean Desliens à celuy mesme qui a remboursé, lequel est vivant & domicilié à Paris, il y a apparence qu'on n'aura pas jugé à propos de le faire assigner, par ce qu'on n'auroit pas esté maistre de le faire parler comme on souhaittoit. L'acte porte expressément qu'il étoit present lors que l'Acte a esté passé en la maison de la Dame Triboulleau, ce que la Cour aura la bonté de remarquer.

Enfin il est constant que la Dame Triboulleau dans le compte de communauté qu'elle a rendu s'est chargée en recette du remboursement de Desliens , & le même compte établit l'employ qu'elle en a pû faire au payement des dettes de la communauté du sieur Triboulleau.

Voilà donc constamment un remboursement considerable, qu'il est justifié par écrit, & par des Actes les plus certains, & les plus authentiques, que la Dame Triboulleau à elle-même reçû ; que pourroit operer une preuve par témoins, supposé même qu'elle resultât de l'Enqueste de la Dame Triboulleau, contre des preuves par écrit aussi précises que celle-là ?

Le troisiéme remboursement est celuy fait par le sieur Martin, Contrôleur des Rentes sur la Ville, d'une somme de 8000 livres pour le rachat de 400 livres de rente par luy & sa femme constituez au profit du deffunt sieur Triboulleau par Contrat du 2 Janvier 1699

Le sieur de Godeheu joindra à l'Instance une expedition de la quittance de ce remboursement, en datte du 29 Decembre 1706, par laquelle la Cour verra. 1°. Que le remboursement a esté fait à la Dame Triboulleau en sa maison rue du Monceau Saint Gervais. 2°. En la presence du sieur Triboulleau de Bondis, & des sieur & Dame Guichon, & en consequence du consentement des sieur & Dame Pinsonneau , passé devant des Notaires de Versailles, en datte du 25 du même mois de Decembre , ce qui fait connoître que la famille de la Dame Triboulleau avoit esté avertie d'avance du remboursement que le sieur Martin devoit faire. 3°. Que l'Acte porte délivrance réelle & actuelle de la somme de 8000 livres, tant en billets de monnoye, qu'en deniers à la vûë des Notaires. 4°. Qu'il y est dit que la Dame Triboulleau reconnoît avoir esté payée, & satisfaite de tous les arrerages échûs de la rente, & même qu'elle a rendu au sieur Martin quatre jours d'arrerages qu'il luy avoit payé de trop, enfin qu'elle luy a remis la grosse du Contrat de constitution.

Il est certain d'ailleurs que la Dame Triboulleau a employé ce remboursement dans la recette de son compte de communauté.

Peut-on après cela proposer serieusement que c'est le sieur de Godcheu qui ait touché soit les billets de monnoye ou les deniers fournis par le sieur Martin pour ce remboursement ? ne voilà-t'il pas des Actes bien certains qui prouvent invincible-ment le contraire ? si ces Actes avoient d'abord esté raportez, y a-t'il apparence que la Cour eut admis une preuve par témoins que tous les remboursemens avoient esté reçûs par le sieur de Godcheu ? enfin que pourroit operer une preuve par témoins contre des Actes de cette qualité ?

Le quatriéme remboursement est celuy fait par le sieur Valantinay, Contrôleur General de la Maison du Roy de 10000 livres pour le sort principal d'une rente de 500 livres en deux Contrats du 4 Juillet 1700, & de 495 livres 15 sols pour les arre-rages qui en estoient dûs.

On joindra encore à l'Instance la quittance de ce remboursement, passé devant Charpentier Notaire, en datte du 28 Decembre 1706.

Il se voit par cette quittance. 1°. Qu'elle est passée dans la maison de la Dame Tri-boulleau. 2°. En presence du sieur de Bondis, & des sieur & Dame Guichon, & en consequence du consentement des sieur & Dame Pinsonneau par acte qu'ils avoient envoyé de Versailles. 3°. Qu'il y est dit que M. André Gaufin, Intendant des sieur & Dame de Valantinay a baillé, payé, compté, & délivré à la Dame Triboulleau la somme de 10495 livres 15 sols, sçavoir 9100 livres en sept billets de monnoye; & le surplus, tant en interests desdits billets échus jusqu'audit jour, qu'en argent comptant. La Dame a aussi employé dans son compte de communauté le remboursement du sieur Valantinay; & la dépense de ce même compte justifie l'employ qu'elle en a pû faire en payement de partie des dettes de la communauté.

Peut-on contre la preuve par écrit qui resulte d'actes aussi authentiques que le sont & la quittance pardevant Notaires, & le compte de communauté soutenir que c'est le sieur de Godcheu qui a touché ce remboursement du sieur de Valantinay ?

Voyons cependant ce que l'on a fait dire aux témoins sur ce sujet.

André Gaufin 30 témoin dit que le 28 Decembre 1706, il fit chez Charpentier Notaire le remboursement de deux parties de rente au principal de 10000 livres à la Dame Triboulleau pour le sieur de Valentinay, & le sieur Marquis Dufsé son fils, & de 495 livres 15 s. d'arrerages, qu'il ne peut pas dire si le sieur de Godcheu reçût le remboursement, parce qu'il ne le connoist pas; qu'il se souvient seulement que c'estoit un homme habillé de noir, qui se disoit Gendre de la Dame Triboulleau qui faisoit ses affaires; que ce fut cet homme là qui emporta les pieces du remboursement, & qui voulut que les Grosses des Contrats restassent annexées à la Minutte de la quittance. Que ledit homme estoit accompagné d'un autre homme qui se disoit Procureur, mais qu'il se souvient parfaitement que la Dame Triboulleau n'estoit pas presente; qu'il est vray que deux jours auparavant il alla chez la Dame Triboulleau la prier de recevoir son remboursement, à quoy elle répondit, qu'elle l'envoyeroit chercher.

On a cru devoir transcrire toute la déposition, afin d'estre en état d'en mieux faire connoître toute la fausseté.

1°. Le témoin dit qu'il a fait un remboursement à la Dame Triboulleau chez Char-pentier Notaire; & il ajoute dans la suite qu'il se souvient parfaitement que la Dame Triboulleau n'y estoit pas presente. Comment concilier ce Fait avec la quittance, qui porte non seulement la presence de la Dame Triboulleau, mais même que l'acte a esté passé dans sa maison ? Car dès là ce n'est point dans l'Etude de Charpentier que le remboursement a esté fait; & si c'est (comme on n'en peut douter) dans la mai-son de la Dame Triboulleau, elle y estoit presente.

S'il estoit besoin de constater autrement que par l'expedition de la quittance que le sieur de Godcheu rapporte, que l'acte a esté effectivement passé & signé dans la mai-son de la Dame Triboulleau, la Cour pourroit s'en assûrer par l'inspection de la Mi-nutte de cette quittance. On sçait que lors que des Notaires après avoir dressé un acte dans leur Etude, l'envoyent faire signer par un Clerc, ils laissent la datte en blanc pour estre remplie sur le lieu, & dans le moment de la signature de la Partie, par le Clerc qui la fait signer. On voit au contraire par l'inspection de la Minutte de l'acte que sa datte est tout de suite & de l'écriture du Notaire même, ce qui fait connoître qu'il l'a redigée & dattée dans un même temps, & par consequent dans la maison même de la Dame Triboulleau, ainsi que la quittance le porte.

En

En second lieu Gaufin dit qu'il ne peut dire si le sieur de Godeheu reçût le rembour-sement parce qu'il ne le connoist pas, qu'il sçait seulement que ce fut un homme vêtu de noir qui se disoit Gendre de la Dame Triboulleau, & qui faisoit ses affaires; on dit sur cela dans la Requeste de la Dame Triboulleau que le sieur de Godeheu se trouve parfaitement désigné par cette description, mais pourquoy ne conviendroit-elle pas aussi bien au sieur Guichon, dénommé dans l'Acte comme present, & l'une des par-ties qui ont signé la quittance, il est gendre de la Dame Triboulleau, le sieur de Go-deheu n'est que petit Gendre.

Il ajoûte que cet homme estoit accompagné d'un autre homme qui se disoit Pro-cureur, ce Procureur devoit estre Me Aspais le Franc, qui dans sa déposition dit qu'il avoit occupé pour la Dame Triboulleau contre le sieur de Valantinay, & parle de la maniere dont ses frais luy ont esté payez; cependant ce témoin, dont la déposition est toute en faveur de la Dame Triboulleau, jusqu'à s'estre porté à faire le recit d'une conversation qu'il dit avoir euë avec le sieur de Godeheu au sujet du present procés, ne dit point que le sieur de Godeheu ait touché le remboursement du sieur de Va-lantinay.

Me Charpentier Notaire qui a receu la quittançe de remboursement, dit seulement que cette quittance a esté receuë par luy, sans passer plus loin, il auroit pû dire, si cela avoit esté veritable, que les billets de monnoye donnez en payement, & l'argent qui avoit esté compté pour le surplus, avoient esté emportez par le sieur de Godeheu.

Encore un coup, peut-on comparer ici la preuve qui résulte des Actes avec la dé-position de Gaufin, & mettre en doute que la premiere ne doive l'emporter sur l'autre?

Et d'autant plus que quand mesme on pouroit encore presumer (contre la preuve par écrit du contraire) que le sieur de Godeheu auroit effectivement receu & les billets de monnoye & les deniers fournis par le sieur de Valantinay, ne devroit-on pas estre convaincu en mesme temps qu'il auroit sur le champ remis & délivré l'un & l'autre à la Dame Triboulleau. Etoit-elle donc imbecille pour se laisser enlever sans se plaindre une somme de 10500 livres, quand elle auroit esté dans un état à se laisser surprendre sur cela (ce qui est du tout éloigné de la verité) ses enfans qui avoient esté presens au remboursement, qui étoient doublement interessés à ce qu'il fut employé, puisque la moitié leur en appartenoit dés-lors en proprieté & qu'ils devoient esperer de trouver l'autre dans la succession de leur mere; ces enfans (dit-on) si attentifs à leurs interests l'auroient-ils souffert?

Le fait de ce remboursement du sieur de Valantinay est donc de toutes manieres avancé sans aucun fondement, & l'on n'en peut tirer aucune consequence qui ait la moindre apparence de solidité contre le sieur de Godeheu.

Le 5e remboursement est celuy fait par le sieur du Coudray d'un billet payable au porteur de la somme de 300 livres, en datte du 28 Juin 1706, compris dans l'Inventaire fait aprés le decés du sieur Triboulleau sous la cotte 23.

La somme est peu importante, puisqu'il ne s'agit que de 300 livres, ce n'est pas même à proprement parler un remboursement, puisque la somme n'estoit dûë que par un billet au porteur, cependant dans l'Inventaire de la premiere production de de la Dame Triboulleau, fol. 380 & 381, on met cette somme entre les rem-boursemens, dont on prétend que le sieur de Godeheu a profité, il faut donc faire voir par les propres pieces de la Dame Triboulleau, que c'est elle seule qui a profité du contenu en ce billet.

Et voicy quelle en est la preuve, la Dame Triboulleau a produit sous la cotte L de sa premiere production, piece paraphée 181 & 182 deux memoires de toiles qui luy ont esté fournies par la veuve Bougier, arrestez ensemble à la somme de 307 livres 12 sols, & il se voit par les mêmes memoires qu'en payement de partie de cette somme, la Dame Triboulleau a donné à la veuve Bougier un billet du sieur du Coudray, payable au porteur de la somme de 93 livres, en datte du 10 Fe-vrier 1707.

Ce qui fait connoître que du Coudray avoit acquitté la plus grande partie de la somme contenuë en son billet, du 28 Juin 1706, & jusqu'à la somme de 207 l. & que pour les 93 livres qu'il devoit de reste, il avoit fait un nouveau billet au profit de la Dame Triboulleau, qu'elle a depuis donné en payement à la veuve Bougier.

Il eſt vray (car on veut bien prevenir l'objection) que le billet de 93 livres du 10 Fevrier 1707 pourroit avoir eſté fait pour un nouveau preſt de cette ſomme qui luy auroit eſté fait par la Dame Triboulleau, mais c'eſt ce qui n'a guere d'apparence; quoyqu'il en ſoit, il reſulte conſtamment de ce billet de 93 livres, quelque cauſe qu'il ait euë, que la Dame Triboulleau eſtoit en relation d'affaires avec le ſieur du Coudray, & il eſt naturel de préſumer que c'eſt à elle-même qu'il ſe ſera addreſſé pour payer ſon billet de 300 livres, & non au ſieur de Godeheu qu'il ne connoiſſoit point, & dont il n'a jamais eſté connu.

D'ailleurs la Dame Triboulleau a employé dans le ſecond Chapitre de recette de ſon compte de communauté le billet de 300 livres du ſieur du Coudray, ce qui juſtifie qu'elle l a effectivement receu.

Le ſixiéme rembourſement, ou plûtoſt payement d'une ſomme exigible eſt de celle de 1000 livres qui étoient dûës à la communauté du défunt ſieur Triboulleau par un billet du ſieur Sallé, inventorié cotte 20 de l'inventaire fait après le decés du ſieur Triboulleau; dans l'inventaire de production de la Dame Triboulleau on a encore compris cet article au nombre des fonds & principaux, dont on prétend que le ſieur de Godeheu a profité.

Mais c'eſt une impoſture qui ſe détruit par le compte de communauté, rendu par la Dame Triboulleau à ſes enfans, où l'on voit que dans le ſecond Chapitre de recette, elle a employé l'article du billet de Sallé ſeulement pour la ſomme de 307 livres, & cela (comme il eſt dit dans le texte du compte en cet endroit) au moyen du compte qui avoit eſté fait avec Sallé le 17 Decembre 1706 des voitures de vins qu'il avoit faites pour le ſieur Triboulleau de ſon vivant, & par le finito duquel il s'étoit trouvé ne devoir plus de ſon billet de 1000 livres, que la ſomme de 307 livres, pour laquelle l'article a eſté accordé.

L'on n'a pas jugé à propos de la part de la Dame Triboulleau de produire le compte par elle fait avec Sallé, mais l'énonciation qui en eſt faite dans le compte de communauté ſuffit pour la preuve du fait, & il en reſulte clairement d'un coſté que Sallé ne s'eſt trouvé débiteur envers la communauté du ſieur Triboulleau que de 307 livres, & non de 1000 livres, de l'autre que la Dame Triboulleau ayant toûjours eû en ſon pouvoir, & le billet de Sallé, & le compte arreſté avec luy le 17 Decembre 1706, il n'y a qu'elle qui ait pû éxiger, & recevoir ce qu'il devoit. *

Le ſieur de Godeheu joindra au procés un extrait du compte de communauté aux endroits citez cy deſſus, ou qui le ſeront dans la ſuite, afin que la Cour puiſſe verifier plus aiſément les inductions qui en ſont tirées.

Le 7e rembourſement eſt celuy de la ſomme de 16400 livres dûës à la communauté du ſieur Triboulleau par la compagnie des Secretaires du Roy, & dont le payement a eſté fait ſuivant qu'il reſulte de la dépoſition du ſieur De Roſſet Secretaire du Roy, le premier Juin 1707.

Il eſt d'abord certain qu'il n'y a pas le moindre acte qui puiſſe ou juſtifier ou faire préſumer que le payement de cette ſomme a eſté fait entre les mains du ſieur de Godeheu, & au contraire tout concourt à prouver que c'eſt la Dame Triboulleau ſeule qui l'a touché.

1° Elle eſtoit nantie du titre de la creance, c'eſt à dire du billet des Secretaires du Roy de 16400 livres, qui par la cloſture de l'inventaire du ſieur Triboulleau, avoit eſté remis, auſſi bien que tous les autres titres & papiers de la ſucceſſion entre ſes mains; dés là il n'y avoit qu'elle qui fut en état de remettre ce billet aux debiteurs, & il eſt ſans apparence qu'elle s'en ſoit deſſaiſie ſans en avoir touché le contenu.

2° Elle s'eſt chargée en recette dans le ſecond chapitre de ſon compte du montant de ce billet comme l'ayant effectivement touché, ſi le ſieur de Godeheu l'avoit reçû pour elle, s'imaginera-t'on qu'elle ne luy en eut pas demandé raiſon?

3° Le payement du billet s'eſt fait dés le premier Juin 1707, c'eſt-à-dire moins d'onze mois après le deceds du ſieur Triboulleau, dans un temps par conſequent où la Dame Triboulleau demeuroit en ſa maiſon & tenoit ſon menage, peut-on croire qu'en ce temps elle ſe repoſât ſur d'autres que ſur elle-meſme pour toucher ce qui luy appartenoit, & pour le conſerver?

Voyons après cela ce qui reſulte de la depoſition du ſieur De Roſſet ſur le fait en queſtion; c'eſt la ſeule preuve que l'on prétend oppoſer à celle par écrit reſul-

* Il eſt à obſerver que ledit compte ne s'eſt point trouvé parmi les papiers de la Dame Triboulleau, ſur leſquels elle a fait appoſer ſcellé. Apparemment qu'elle l'avoit emporté avec elle, auſſi bien que ſes quittances de penſions, & autres qu'elle a jugé à propos de ſouſtraire, afin de mettre le ſieur de Godeheu hors d'état de pouvoir ſe défendre contre l'injuſte demande qu'elle a la temerité de luy faire, à ce qu'il ſoit tenu de luy rendre compte de ſes biens, qu'elle a elle même gouvernez, depuis qu'elle eſt veuve, comme bon luy a ſemblé.

tante du compte de communauté de la Dame Triboulleau, où elle a employé l'effet en queſtion en recette comme l'ayant effectivement touché.

Le ſieur de Roſſet 47ᵉ témoin *dit que le ſieur de Godeheu eſtant Secretaire du Roy, le dépoſant qui l'eſtoit auſſi & chargé des affaires de la Compagnie, luy dit un jour, ſoit chez le dépoſant ou à la Chancellerie, que la Compagnie eſtoit redevable à la ſucceſſion du ſieur Triboulleau d'un billet de la ſomme de ſeize mille tant de livres, & qu'il payeroit regulierement le billet à ſon écheance qui eſtoit au premier Juin 1707; qu'il falloit pour cet effet que la Dame Triboulleau mit ſon nom de Friés pour acquit au dos du billet, & qu'on y joignit un extrait de l'inventaire, ne ſe ſouvient ſi c'eſt au ſieur de Godeheu luy-meſme qu'il a payé; mais declare que pour ce ſujet-là, il n'a jamais vû la Dame Triboulleau, qu'il a rendu ſes comptes à la Compagnie, par leſquels il paroiſt article 147, que la Compagnie luy a alloüe le payement qu'il avoit fait, il adjoûte qu'il ſçavoit par la voix publique que le ſieur de Godeheu aaminiſtroit tous les biens de la Dame Triboulleau, que ce fut ſur ce fondement que le ſieur répondant dit au ſieur de Godeheu que l'on pouvoit compter ſur le payement dudit billet à ſon écheance qui eſt tout, &c.*

On croit pouvoir obſerver d'abord que la derniere partie de cette dépoſition doit eſtre retranchée comme viſiblement affectée, & ſortant des bornes que le ſieur De Roſſet ſe devoit preſcrire, de dépoſer de ce qui eſtoit de ſa connoiſſance perſonnelle ſans y mêler la prétendüe voix publique, qui eſt toûjours un trés-mauvais garand de ce que l'on recite aprés elle.

Au ſurplus en examinant le corps & l'eſſentiel de la dépoſition, 1º. Suivant le ſieur De Roſſet, c'eſt luy-meſme qui a dit au ſieur de Godeheu, ſoit à la Chancellerie ou dans la maiſon de luy ſieur De Roſſet, qu'il payeroit à ſon échéance le billet de 16400 livres, que le ſieur Triboulleau avoit ſur la Compagnie des Secretaires du Roy; dés là, ce n'eſt pas le ſieur de Godeheu qui l'a ſollicité de faire ce rembourſement, le ſieur De Roſſet luy en a parlé le premier, & cela ou à la Chancellerie qui eſt le lieu où tous les Secretaires du Roy ſe rencontrent certains jours de la ſemaine, ou dans ſa maiſon, c'eſtoit luy qui payoit les petites bourſes des Secretaires du Roy, le ſieur de Godeheu eſtoit obligé d'aller chez luy pour y prendre les ſiennes.

2º. Le ſieur De Roſſet a dit au ſieur de Godeheu qu'il falloit que la Dame Triboulleau pour toucher le montant du billet, mit au dos de ce billet pour acquit ſon nom de Friés, & qu'on joignit au billet l'extrait de l'inventaire fait aprés le deceds du ſieur Triboulleau. Le billet eſtoit conſtamment entre les mains de la Dame Triboulleau, on demandoit (comme il eſtoit juſte & meſme indiſpenſable) qu'elle mit ſon nom au dos pour acquit, on ne pouvoit donc toucher le montant du billet que ſur ſa ſignature, & par conſequent que de ſon ordre?

3º. Le ſieur De Roſſet dit qu'il ne ſe ſouvient pas s'il a payé au ſieur de Godeheu luy-meſme, cecy eſt important; il connoiſſoit le ſieur de Godeheu, c'eſt à luy-même qu'il s'eſtoit addreſſé pour l'avertir qu'il payeroit le billet à ſon échéance; s'il avoit payé entre les mains du ſieur de Godeheu, peut-on croire qu'il ne s'en fût pas ſouvenu? cette prétendüe incertitude eſt une preuve qu'il a payé à un autre qu'au ſieur de Godeheu, & c'eſtoit apparemment entre les mains de Leonard Hebert, lors commis de la Dame Triboulleau, & qui alloit recevoir pour elle; quoy qu'il en ſoit, le fait important, celuy ſeul que l'on a pretendu prouver, eſt que le ſieur de Godeheu avoit touché ce rembourſement, & c'eſt ce qui ne reſulte nullement de la dépoſition du ſieur De Roſſet, qui dit avoir parlé au ſieur de Godeheu pour l'avertir qu'il payeroit à l'écheance, & neanmoins qu'il ne ſe ſouvient pas qu'il ait payé à luy-meſme.

4º. Quant à ce qu'il adjoute qu'il n'a jamais vû pour ce ſujet la Dame Triboulleau cela eſt plus qu'indifferent (quoy qu'affecté) car il eſt bien vray-ſemblable que la Dame Triboulleau n'aura pas eſté recevoir elle-même chés le ſieur De Roſſet, & qu'elle ſe ſera contentée d'envoyer ſon commis, comme il ſe pratique en matiere de billets; mais cela conclut-t'il qu'elle n'ait pas touché le montant de ce billet des Secretaires du Roy?

Enfin, quand meſme on ſuppoſeroit contre ce qui reſulte de la dépoſition meſme du ſieur De Roſſet, que ce ſeroit le ſieur de Godeheu qui auroit effectivement touché de luy le montant du billet des Secretaires du Roy, s'enſuivroit-il de là que le ſieur de Godeheu pût estre censé avoir profité de cette somme, & en sût devenu comptable, lors qu'il est certain que le titre de la créance, sçavoir le billet des Secretaires du Roy, estoit entré entre les mains de la Dame Triboulleau, que non seulement elle a dû le remettre entre les mains de celuy qu'elle a chargé de recevoir, mais encore l'endosser de sa signature pour acquit?

S'imaginera-t'on que qui que ce soit qui ait touché sur ce billet une somme aussi considerable que celle de 16400 livres, la Dame Triboulleau n'ait pas eû soin de se la faire remettre, & que supposé que ce fût le sieur de Godeheu qu'elle eût chargé de cette commission, elle eût laissé écouler six années sans luy demander raison de ce qu'il avoit touché pour elle?

D'un autre costé, on doit convenir que soit le sieur de Godeheu ou un autre qui ait reçû des mains du sieur De Rosset, le payement du billet sur la signature de la Dame Triboulleau, il n'a pas esté obligé en remettant à la Dame Triboulleau les billets de monnoye ou les deniers qui luy avoient esté délivrés, d'en prendre une décharge, il n'y a que ceux qui sont chargés par écrit, qui doivent demander une décharge aussi par écrit, quiconque aura touché le montant du billet, a pû, avec certitude de n'en pouvoir estre inquieté, le remettre de la main à la main à la Dame Triboulleau; donc inutile de toutes manieres de chercher à faire enqueste pour découvrir entre les mains de qui le montant du billet a esté remis, puisque la présomption de droit est que celuy qui aura reçû le montant du billet, par l'ordre & sur la signature de la Dame Triboulleau, le luy aura délivré, & qu'ainsi elle en a veritablement profité.

Le huitiéme remboursement ou payement que l'on impute au sieur de Godeheu d'avoir touché, est d'une somme de 1000 livres deue par Bernard Peuvret Secretaire du Roy, que l'on a fait entendre dans l'Enqueste de la Dame Triboulleau, où il est le 25e témoin.

La déposition porte qu'en l'année 1694, le sieur Triboulleau luy avoit remis une somme de 1000 livres pour les provisions de Marchand de Vin suivant la Cour, que luy Peuvret devoit expedier comme Secretaire de Mr le Grand Prevost, sur la démission que le sieur Triboulleau avoit intention de faire de sa charge, en faveur de Desliens son Commis; que le déposant donna au sieur Triboulleau son billet de cette somme de 1000 livres; que deux ou trois jours après le sieur Triboulleau luy ayant remis sa démission, luy Peuvret délivra les provisions en faveur de Desliens, pour lesquelles il falloit ladite somme de 1000 livres, qu'il demanda au sieur Triboulleau son billet, lequel sieur Triboulleau luy dit avoir oublié, & qu'il le déchireroit; que s'estant fié à sa parole, il a esté surpris, que 15 années après on l'a forcé à payer le contenu au billet; que ce fut le sieur de Godeheu, qui le poursuivit sous le nom de la Dame Triboulleau; que ne pouvant parler à ladite Dame, il s'adressa à son Confesseur qu'on luy dit estre le Vicaire de la Paroisse, & que le Confesseur fit réponse que le déposant ne pouvoit pas parler à la Dame Triboulleau à cause de sa grande maladie; qu'enfin il a payé ladite somme de 1000 livres au sieur de Godeheu, ou gens de sa part.

C'est encore icy un exemple du danger qu'il y a d'admettre une preuve par témoins. Voicy un témoin qui n'est pas reprochable par luy-mesme; c'est mesme un homme qui a un caractere public, un Secretaire du Roy. Cependant ou sa memoire l'a trompé, ou l'envie de servir les adversaires du sieur de Godeheu l'a seduit au point de luy faire dire des choses, ou fausses, ou absurdes.

1° L'histoire du billet par luy remis au défunt sieur Triboulleau en 1694 est inutile, ce qui est seulement certain, est qu'il s'estoit trouvé après le decés du sieur Triboulleau, & parmi les papiers de sa succession un billet du sieur Peuvret, en datte du 25 Octobre 1694, par lequel il reconnoissoit que le sieur Triboulleau luy avoit déposé la somme de 1000 livres, qu'il promettoit de luy rendre à sa volonté.

La copie de ce billet est transcrite en teste d'un acte du mois de Juin 1709, rapporté par la Dame Triboulleau au nombre des pieces qu'elle a esté condamnée par la Sentence de la Cour du 8 Aoust dernier de representer. C'est sous la cotte F de la seconde production, piece paraphée 299.

2°. Ce que le sieur Peuvret dit que ce fut le sieur de Godeheu qui le poursuivit pour le payement de son billet, & que ne pouvant parler à la Dame Triboulleau il s'adressa à son Confesseur, qui luy fit réponse qu'il ne pouvoit pas parler à la Dame Triboulleau, à cause de sa grande maladie, est faux, sauf le respect de la

Cour,

Cour, car les pourfuites fe font faites, non feulement au nom de la Dame Triboulleau, mais par fon ordre & de l'aveu des enfans & heritiers ou legataires du fieur
Triboulleau. La Dame Triboulleau au mois de Juin 1709, eſtoit revenuë de fa
grande maladie, & agiſſoit par elle-mefme dans fes affaires , fans qu'il fut queſtion
pour lors de s'adreſſer à fon Confeſſeur pour luy parler.

3°. Et cecy eſt trés important pour prouver la fauſſeté de la dépoſition du fieur
Peuvret. Il eſt juſtifié par l'acte fait fous fignature privée, entre le fieur Peuvret, & la
Dame Triboulleau , en datte du 21 Juin 1709, qui eſt produit cotte F de la feconde production piece 299, que c'eſt avec elle-mefme que le fieur Peuvret a traité.
Cet écrit porte que la Dame Triboulleau reconnoit avoir receu du fieur Peuvret
la fomme de 800 livres, à laquelle (porte l'acte) nous avons compofé & fommes
demeurez d'accord pour le contenu au billet cy-deſſus tranfcrit ; enfemble 41 liv.
19 fols pour les frais & procedures qui ont eſté faites à ma Requeſte contre ledit
fieur Peuvret, tant au Chaſtelet qu'aux Requeſtes du Palais , pour avoir payement
du contenu audit billet. Moyennant lequel payement reconnois , moy dit Peuvret,
que ladite Dame m'a cejourd'huy rendu & mis entre les mains toutes les pieces
& procedures &c.

Cet écrit juſtifie donc 1° que la Dame Triboulleau eſtoit lors en bonne fanté ;
c'eſt elle même qui a traitté avec le fieur Peuvret. 2° C'eſt elle qui a touché du fieur
Peuvret, non la fomme de 1000 livres (comme il le dit dans fa dépoſition) mais
feulement celle de 800 livres, à laquelle la Dame Triboulleau a compofé avec
luy; que devient donc ce qu'on luy a fait dire dans fa dépoſition qu'il a payé au
fieur de Godeheu ou gens de fa part, lorfque l'on voit que c'eſt entre les mains
de la Dame Triboulleau qu'il a payé, que c'eſt elle qui luy a remis fon billet de
1694, & les Sentences qu'elle avoit obtenuës contre luy ?

4° L'on trouve fous la mefme cotte F de la feconde production piece 300, un
écrit figné du fieur Triboulleau de Bondis, & des fieurs Guichon & Pinfonneau en datte
du 21 Juin 1709, par lequel *ils confentent que la Dame Triboulleau remette au fieur*
Peuvret un billet figné de luy, & inventorié fous la cotte 26 de l'inventaire fait aprés
le deceds du fieur Triboulleau, de la fomme de 1000 livres, & que de ladite fomme
elle n'en reçoive que 800 livres , eſtant demeurés d'accord avec elle de remettre audit
fieur Peuvret les 200 livres reſtant dudit billet ; & pour cet effet ladite Dame ne fera
tenuë de rapporter que la fomme de 400 livres faifant moitié defdits 800 livres.

Cet écrit ne prouve-t'il pas clairement que l'accord fait avec le fieur Peuvret
pour luy remettre 200 livres fur fon billet de 1000 livres, s'eſt fait de la participation & du confentement des enfans du fecond lit de la Dame Triboulleau ? &
cela eſtant, n'eſt-il pas ridicule, fauf le refpect de la Cour, d'avoir fait dire au fieur
Peuvret que c'eſtoit le fieur de Godeheu qui l'avoit pourfuivi fous le nom de la
Dame Triboulleau, & que c'eſtoit entre fes mains ou à gens de fa part qu'il avoit
payé ladite fomme de 1000 livres ?

Encore un coup (& la Cour pardonnera au fieur de Godeheu la repetition de
cette reflexion) quel fondement peut on faire fur des dépoſitions de témoins domeſtiques ou debiteurs tels que font la plufpart de ceux de l'Enqueſte de la Dame
Triboulleau, lorfque l'on voit que des témoins non reprochables par leur qualité
font démentis par des actes par écrit qui font de leur propre fait.

Dans l'inventaire de la premiere production de la Dame Triboulleau folio 381,
on a mis au nombre des payemens ou rembourfemens que l'on prétend avoir eſté
reçûs par le fieur de Godeheu, une fomme de 943 livres qui eſtoit dûë à la Communauté & à la fucceſſion du fieur Triboulleau par Simon Henry , qui eſt celuy
qui prenoit foin des vignes de la Dame Triboulleau à Coulanges.

Il fuffit pour détruire ce fait dont il n'y a pas la moindre preuve, d'obferver 1°
que la Dame Triboulleau s'eſt chargée en recette dans fon compte de communauté de cette fomme de 943 livres, comme l'ayant effectivement touchée.

2° Que Simon Henry dans fa dépoſition toute évidemment affectée qu'elle eſt en
faveur des adverfaires du fieur de Godeheu, n'a point dit que ce fut entre fes mains
qu'il eut payé les 943 livres qu'il devoit à la fucceſſion du fieur Triboulleau, ce
qu'il eſt fans apparence qu'il eut omis, fi le fait avoit eſté veritable.

Les 9 & 10e rembourfemens, & fur lefquels on a fait entendre des témoins dans l'Enqueste de la Dame Triboulleau, sont ceux qui luy ont esté faits en 1710 de la moitié à elle appartenante dans deux rentes, l'une de 575 livres constituée par Monsieur Duprat Conseiller en la Cour, l'autre de 325 livres constituée par Monsieur Bouret aussi Conseiller en la Cour.

Monsieur Bouret, 45ᵉ témoin de l'Enqueste, dit dans sa déposition que le sieur de Godeheu l'a sollicité de rembourser à la Dame Triboulleau la moitié de la rente qu'il luy devoit, & que sur ce que luy sieur Bouret dit qu'il n'estoit pas en état de le faire, le sieur de Godeheu luy proposa de luy faire trouver de l'argent; que ce fut le sieur Pellerin qui le presta, auquel luy sieur Bouret fit un autre contrat qu'il a depuis remboursé.

Le sieur Duprat Secretaire du Roy 55ᵉ témoin, & Monsieur Duprat son fils 56ᵉ témoin déposent que le sieur de Godeheu ayant dit au sieur Duprat pere que la Dame Triboulleau vouloit la moitié de son remboursement de la rente de 575 livres, ledit sieur Duprat luy témoigna qu'il avoit pris d'autres mesures, que le sieur de Godeheu luy proposa de faire faire la quittance de remboursement par la Dame Triboulleau de la somme de 575 livres pour sa moitié dans le principal de la rente, laquelle somme ledit sieur Duprat payeroit dans des temps qui seroient fixés par une obligation qu'il passeroit en faveur d'un homme inconnu, ce qui fut fait; que l'obligation fut passée sous le nom d'une personne dont il ne se souvient pas du nom pardevant Dutartre Notaire, qui luy donna l'expedition de la quittance qu'il avoit fait signer à la Dame Triboulleau, qu'à l'écheance du terme, il avoit fait porter son argent chez Dutartre Notaire qui luy a rendu son obligation.

Monsieur Duprat Conseiller en la Cour adjoute que son pere luy dit d'aller avec le Notaire pour voir signer par la Dame Triboulleau la quittance du remboursement, ce qu'il fit.

Quelle induction peut-on tirer de ces dépositions? rien autre chose, sinon que le sieur de Godeheu par l'ordre de la Dame Triboulleau a sollicité Monsieur Bouret & Monsieur Duprat de rembourser les rentes qu'ils devoient & qui estoient exigibles, au moyen de ce qu'il y avoit changement de debiteurs & d'hypoteque, Monsieur Bouret ayant vendu à Monsieur Duprat la charge de Conseiller Lai dont il estoit pourveu, & sur laquelle la Dame Triboulleau avoit son privilege pour les deniers qu'elle avoit prestés à Monsieur Bouret à constitution; que pour faciliter ce remboursement, le sieur de Godeheu leur a fait trouver de l'argent à emprunter par contrat ou obligation, & desquels emprunts Messieurs Bouret & Duprat se sont depuis acquittés.

Mais s'ensuit-il delà que ce soit le sieur de Godeheu qui ait touché les deniers de ces deux remboursemens, lorsque les quittances passées pardevant Dutartre Notaire, font une foy certaine & mesme incontestable du contraire? N'a-t'il pas pû arriver qu'en l'année 1710, temps des remboursemens en question, mais année où chacun estoit dans le besoin d'argent parce qu'il estoit trés rare, tant à cause de la guere, qu'à cause de la disette de bled; année dans laquelle on ne payoit à la Ville que moitié des rentes, la Dame Triboulleau ait eu besoin de quelques-uns de ses fonds pour subvenir à sa dépense, & prevenir tout ce qui pouvoit arriver dans un temps aussi facheux que celuy où on estoit alors. En un mot les quittances de remboursemens qu'elle a elle-mesme produites sous la cotte R de sa premiere production, prouvent que les remboursemens ont esté faits entre ses mains : qu'elle les ait employés pour soutenir sa dépense, qu'elle les ait donnés ou dissipés? Ce n'est ny au sieur de Godeheu, ny à personne autre que la Dame Triboulleau elle-mesme qu'on en peut demander raison. S'il estoit vray que le sieur de Godeheu eut touché les sommes remboursées par Messieurs Bouret & Duprat, ce n'auroit pû estre que du consentement de la Dame Triboulleau, autrement il ne rombera sous les sens de personne qu'elle fut demeurée sur cela tranquille & dans le silence pendant prés de trois années, & qu'elle ne se fut pas plaint de ce que le sieur de Godeheu se seroit emparé de ce qui luy appartenoit; elle estoit pour lors logée dans sa maison, & par consequent à portée de luy demander à chaque instant raison de ce qu'il pouvoit avoir touché pour elle, s'il avoit esté capable de luy retenir une somme de huit ou neuf mille livres provenant des remboursemens en question, elle n'auroit pas manqué de prendre d'autres voyes pour l'obliger de la luy restituer.

Il est donc clair que quelque idée que l'on puisse prendre sur cela, elle ne peut jamais servir de prétexte pour rendre le sieur de Godeheu comptable des remboursemens dont il s'agit, il n'a pû solliciter les débiteurs de rembourser, que parce que la Dame Triboulleau l'a souhaité, on ne peut pas dire qu'il l'ait, ou forcée, ou engagée par surprise à signer des quittances de remboursemens ; ce sont des Actes passez pardevant Notaires, qu'elle ne peut avoir signez qu'avec connoissance de cause, & dés là ce sont des Actes qui font une foy entiere de ce qu'ils contiennent, & par consequent qui prouvent qu'elle a effectivement touché les sommes portées par les quittances.

C'est ce qui se confirme encore, (s'il estoit besoin que des Actes pardevant Notaires fussent confirmez par d'autres preuves,) par la déposition même de Monsieur Duprat fils, *il dit que son pere voyant l'empressement que l'on témoignoit pour recevoir le remboursement de moitié de la rente qu'il devoit, luy dit d'aller avec le Notaire voir signer par la Dame Triboulleau la quittance de remboursement, ce qu'il fit,* Monsieur Duprat Conseiller a donc esté témoin luy-même que la Dame Triboulleau a signé la quittance ? & il est impossible de douter qu'il n'ait vû qu'elle luy a esté lûë avant qu'elle l'ait signée, comment donc imaginer aprés cela qu'elle n'aura pas touché les deniers du remboursement, soit des mains de Dutartre Notaire chez qui il a esté fait, ou de celles du sieur de Godeheu, supposé qu'il eut esté fait entre ses mains.

Il reste à dire un mot des remboursemens qui ont esté faits par le sieur de Godeheu luy-même du prix de sa Charge de Secretaire du Roy, c'est-à-dire de la somme de 70000 livres.

Ces remboursemens qui sont justifiez par des quittances pardevant Notaires ne sont combattus par aucune preuve testimoniale, tout ce qu'on oppose se réduit à de prétenduës présomptions, mais qui sont purement imaginaires.

On dit par exemple qu'il est sans apparence que le sieur de Godeheu eut emprunté d'ailleurs des deniers pour rembourser une rente qu'il devoit à la grandemere de sa femme, mais ce prétendu défaut de vray-semblance se détruit, & se dissipe par la verité du fait, le sieur de Godeheu a effectivement remboursé, & la preuve de ce remboursement effectif resulte des quittances pardevant Notaires qu'il rapporte.

D'ailleurs il estoit trop instruit des mauvaises intentions que les enfans de la Dame Triboulleau avoient contre luy, il avoit déja eprouvé trop de mauvais procedez de leur part pour vouloir courir le risque de dépendre d'eux en aucune maniere aprés le decés de la Dame Triboulleau, il aimoit mieux se trouver débiteur envers des étrangers qu'envers eux.

On a encore allegué de la part de la Dame Triboulleau, que le remboursement de la rente dûë par le sieur de Godeheu du prix de sa Charge de Secretaire du Roy, quoyque justifié par trois quittances differentes des 22 Janvier, 25 Mars & 27 Novembre 1708, avoit esté totallement fait en un seul & même jour ; sçavoir le 27 Novembre 1708, & qu'au lieu d'un remboursement réel en deniers, on avoit fait prendre à la Dame Triboulleau des rentes de taxations sur le Trésor Royal, & sur la Ville qui appartenoient au sieur Pellerin.

Mais cette conjecture est invinciblement détruite par les Actes mêmes, c'est-à-dire par les trois quittances de remboursement reçuës par Dutartre, & l'un de ses Confreres Notaires, dattées de jours differens, & éloignez les uns des autres ; sçavoir (car il est bon de le repeter) dés 22 Janvier, 25 Mars & 27 Novembre 1708, car il est absolument sans la moindre apparence que des Notaires, & sur tout de Paris eussent voulu prêter leur ministere pour une fausseté, telle que seroit celle d'avoir antidatté du 22 Janvier & du 25 Mars des quittances d'un remboursement qui n'auroit esté fait que le 27 Novembre.

D'ailleurs *cui bono* auroit-on commis une pareille fausseté ? la quittance de remboursement auroit-elle esté moins bonne, & plus suspecte, quand elle auroit esté d'une seule & même datte, & de la totalité de la somme de 70000 livres.

Les adversaires du sieur de Godeheu conviennent eux-mêmes que dans la même année qu'il a fait le remboursement du prix de sa Charge à la Dame Triboulleau, elle a acquis d'autres effets ; sçavoir des rentes sur la Ville, & des rentes de taxations, il est vray qu'ils prétendent imputer sur cela au sieur de Godeheu une négociation par luy faite avec le sieur Pellerin, pour faire prendre à la Dame Triboulleau ces effets, qu'ils disent qui valoient moins que le prix pour lequel ils ont esté donnez, c'est ce que l'on examinera dans son lieu, mais il suffit d'observer quant à present que voilà constamment un employ des deniers du remboursement fait par le sieur de Godeheu du prix de sa Charge de Secretaire du Roy, ce qui justifie (quoyque les quittances pardevant Notaires le prouvent suffisamment) que ce remboursement a esté réel & effectif, ne pouvant pas estre dit, & n'estant pas même allegué que la Dame Triboulleau eut d'ailleurs d'autres deniers, dont elle ait pû faire l'acquisition des rentes sur la Ville, & de taxations qui luy appartiennent actuellement.

Ce qui vient d'estre establi au sujet de tous les remboursemens ou payemens de sommes éxigibles, faits à la Dame Triboulleau depuis le decés de son mary, détruit sans replique le fait, dont la preuve a esté admise, que c'est le sieur de Godeheu qui a reçû tous ces remboursemens, & qu'il a sollicité les débiteurs de les faire.

Le premier de ces faits, sçavoir que le sieur de Godeheu a reçû tous les remboursemens, tombe de luy-même, au moyen des preuves par écrit du contraire, toutes les quittances de remboursement ont esté données par la Dame Triboulleau, la plûpart même en presence de ses enfans du second lit, & conjointement avec eux, à cause que la proprieté de moitié des principaux des rentes de la communauté leur appartenoit, & elle a employé ces remboursemens dans le compte qu'elle leur a rendu de cette communauté, elle a donné des quittances ou sous seing privé, ou pardevant Notaires des autres remboursemens ou payemens de sommes éxigibles qu'elle a touchez depuis la reddition de son compte, peut-on serieusement, & de bonne foy se proposer de détruire des Actes par écrit par une preuve par témoins de quelque qualité que soient ces témoins, & quelque chose qu'on leur ait fait dire ?

Car de prétendre que nonobstant que par des quittances ou sous seing privé, ou pardevant Notaires, qui justifient que la Dame Triboulleau a reçû, le sieur de Godeheu est celuy qui a mis la main sur les remboursemens & qui s'en est emparé; c'est ce qui n'est pas vray-semblable & dont la preuve n'est nullement admissible, & s'il en estoit autrement, qui est-ce qui se pourroit trouver à couvert d'une pareille prétention ? & à qui ne pourroit-on pas imputer d'avoir pris les deniers, dont un autre auroit donné quittance ?

Le second Fait, que le sieur de Godeheu a sollicité les debiteurs de rentes de la Dame Triboulleau de rembourser, & qu'il leur en a mesme facilité les moyens, est inutile sans le premier, parce qu'enfin que le sieur de Godeheu ait si l'on veut sollicité les débiteurs de rembourser, qu'en resulte-t'il dés lors que les quittances prouvent que c'est la Dame Triboulleau qui a effectivement reçû les remboursemens, & qui en a disposé de la maniere qu'il luy a plû ?

Voyons cependant, quoy que surabondamment & sans aucune necessité, ce que l'on a fait dire à quelques-uns des témoins sur le Fait des remboursemens.

On a cy-dessus examiné les dépositions de quelques-uns des témoins, qui se sont expliqués sur les remboursemens ou payemens qu'ils ont faits, & le sieur de Godeheu se flate d'avoir non seulement détruit l'induction que l'on pouvoit tirer de leurs dépositions, mais d'en avoir luy-mesme tiré avantage.

Il reste donc à contredire sommairement les discours vagues & generaux, que l'on a fait tenir à quelques autres témoins sur le mesme sujet.

Les dépositions de tous les Domestiques de la Dame Triboulleau, & de ceux qui sont à peu-près de la mesme qualité (c'est-à-dire ou ses débiteurs ou gens absolument dans sa dépendance) sont presque toutes uniformes sur le Fait dont il s'agit, en sorte qu'elles semblent avoir esté copiées les unes sur les autres.

Elles se réduisent toutes (sans qu'il soit besoin de les détailler plus particulierement) à dire que ces témoins n'ont point vû faire de remboursemens à la Dame Triboulleau, qu'ils ne luy ont point vû toucher d'argent, si ce n'est quelques petites sommes, les uns disent 100 livres ou 150 livres les autres (comme le sieur Julien) jusqu'à 500 livres, & enfin d'autres disent de petites sommes sans les specifier.

Et l'on induit de tout cela dans la Requeste de la Dame Triboulleau, qu'elle n'a jamais touché, ny principaux de rentes, ny d'autres sommes exigibles tant soit peu

considerables,

confidérables, & qu'ainfi quoy qu'elle en ayt figné les quittances, c'eftoit effectivement le fieur de Godeheu qui recevoit tout, & qui a feul profité de tous ces principaux.

1°. Se peut-il rien de moins folide, mais plûtôt de plus illufoire, que des dépofitions de cette qualité, pour la preuve d'un Fait tel que celuy qui eft allegué, que
c'eft le fieur de Godeheu qui a touché tous les rembourfemens, ou payemens de
fommes exigibles qui ont efté faits à la Dame Triboulleau?

Quoy, parce que des Domeftiques ou gens à peu-près de mefme farine, diront
qu'ils n'ont point vû faire de rembourfemens à leur Maitreffe, ou qu'ils ne luy ont
point vû toucher de fommes confiderables, il s'enfuivra de là qu'un autre qu'elle,
s'eft emparé des rembourfemens dont elle a donné quittance!

Il eft certain en general, que des dépofitions qui ne s'expliquent que d'un Fait,
purement négatif, ne font d'aucune confideration; un témoin doit dire ce qu'il fçait
pour l'avoir vû ou entendu, ce qu'il fe contente de dire qu'il n'a point vû, qu'il
n'a point connu, ne doit faire aucune impreffion, parce que ce qui n'eft pas venu
à fa connoiffance, peut avoir efté vû ou fçû par d'autres, que l'on n'a pas fait entendre comme témoins.

C'eft un principe certain en matiere de preuve par témoins, que *plus valet unus
qui dicit, quàm mille qui negant*. Or n'eft ce pas ce qui peut s'appliquer icy au Fait
des rembourfemens? Les témoins de la Dame Triboulleau difent qu'ils ne luy ont
point vû faire de rembourfemens; d'autres, qu'ils ne luy ont point vû toucher de
fommes confiderables; mais les actes de ces rembourfemens, les quittances qu'elle
en a données, les unes, & pour la plufpart pardevant Notaires, & les autres fous
fignature privée; l'aveu qu'elle a fait dans fon compte de communauté d'avoir
touché les principaux dont elle s'eft chargée en recette, font des témoignages
affirmatifs qu'elle les a effectivement receus, & des preuves d'autant plus certaines
qu'elles font par écrit. On ne peut donc pas les mettre en comparaifon avec des
difcours de Valets qui fe reduifent à dire qu'ils n'ont point vû faire de rembourfemens à la Dame Triboulleau?

En fecond lieu doit-on s'imaginer en effet que les Domeftiques de la Dame Triboulleau, ou ceux d'une condition à peu prés pareille, dont on cite dans fa Requefte les dépofitions fur le Fait des rembourfemens, ayent dû eftre informez &
inftruits fi elle a effectivement touché ces rembourfemens? A-t'on dû les appeller
pour y eftre prefens, ou les en informer après qu'ils ont efté faits? La Dame Triboulleau leur devoit-elle quelque compte de ce qu'elle recevoit, & de la maniere
dont elle arrangeoit fes affaires?

En troifiéme lieu, felon le langage de ces témoins, qui n'ont parlé que fuivant
les inftructions, que ceux qui agiffent fous le nom de la Dame Triboulleau leur ont
données, elle n'a jamais touché d'argent finon quelques petites fommes par les mains
du fieur de Godeheu. Mais fi cela eftoit, où donc la Dame Triboulleau auroit-elle
pris les deniers & billets de monnoye, dont elle a difpofé pour des acquifitions,
ou pour payer partie de ce qu'elle devoit, foit à des étrangers pour dettes de la
communauté de fon mary, ou à fes enfans du fecond lit, pour partie du reliquat
de ce même compte?

Car il eft certain que la Dame Triboulleau a fait toutes ces chofes depuis le decés de fon mary; elle a fait des acquifitions; elle a payé des dettes de communauté;
elle s'eft acquittée de partie de ce qu'elle devoit à fes enfans pour le reliquat du
compte.

On expliquera dans la fuite plus en détail tous ces Faits, & l'on y joindra les
pieces juftificatives. On fe contentera quant à prefent d'en indiquer quelques-unes.
Par exemple, il eft conftant, 1°. Qu'au mois de Decembre 1706, la Dame Triboulleau a acquis une rente de 700 livres par an, au principal de 14000 livres fur les
Jaugeurs de Vin; qu'elle a acquis en Janvier 1707 une rente fur la Ville de 2200
livres, pour eftre maintenuë dans le privilege de veuve de Secretaire du Roy. Une
autre rente fur la Ville de 14000 livres de principal en l'année 1707, des augmen-
tations de gages comme étrangere pour 2200 livres de principal en 1711.

2°. Qu'elle a payé en 1707 & 1708 les dettes de la communauté de fon mary
mentionnées au 1, 2, 3, 4, 5, & 8e Chapitres de dépenfe du compte de com-

munauté, montant pour ce qui est en est employé dans ces Chapitres à 23508 livres.

3°. Qu'elle s'est acquittée envers ses enfans du 2 lit de partie de reliquat du compte de communauté, & entre autres de la somme de 32892 livres 8 sols par quittance du 8 May 1711, & de 7205 livres 6 sols par autre quittance du 15 May 1711. La Cour aura la bonté de remarquer qu'en ce temps là, elle demeuroit chez le sieur de Godeheu.

Encore un coup, où la Dame Triboulleau auroit-elle pris les deniers dont elle a fait ces acquisitions & ces payemens, s'il estoit vray (comme on le veut induire de ce que ses Domestiques ont dit qu'ils ne luy ont point veu faire de rembourse-mens) qu'elle n'en eût effectivement point receu ?

Il est donc absurde & ridicule, sauf le respect de la Cour, de prétendre combattre & détruire la preuve qui résulte des quittances de la Dame Triboulleau, par des dépositions de Valets qui disent qu'ils ne luy ont pas vû recevoir.

A ce Contredit general qui suffit seul pour détruire ces dépositions, on ajoutera quelques reflexions sur celles de quelques uns de témoins, qui serviront à en faire encore mieux sentir toute l'absurdité.

L'on a fait dire à Laurent Pilleron 20e témoin (que l'on a fait voir cy-dessus estre trés-réprochable, & avoir dit faux dans la premiere partie de sa déposition) que le sieur de Godeheu l'avoit solicité de rembourser le total de ce qu'il devoit à la Dame Triboulleau, luy faisant entendre qu'elle n'avoit pas dequoy vivre, quoy qu'il sçût qu'elle jouïssoit de 20000 à 22000 livres de rente.

L'affectation & le dévoüement de ce témoin sont évidens, depuis le premier mot de sa déposition, jusqu'à la fin. Mais n'est il pas absurde de luy avoir fait dire, comme un Fait qui peut estre à charge contre le sieur de Godeheu, qu'il l'a solicité de rembourser le total de ce qu'il devoit ? Le sieur de Godeheu faisoit-il en cela autre chose que d'agir pour les interests de la Dame Triboulleau ? Pilleron luy devoit une somme exigible de 7217 livres, pour laquelle elle n'a d'autre sûreté que la bonne foy, Pilleron n'ayant aucuns biens apparens ? N'estoit-il donc pas de l'interest de la Dame Triboulleau que l'on pressât un pareil debiteur de s'acquitter, d'autant plus que la Dame Triboulleau, qui est chargée par le compte de communauté de ces effets en reprise, estoit en quelque façon obligée d'en faire le recouvrement, & de poursuivre les debiteurs ? Il se pourroit faire que le sieur de Godeheu pour l'y engager plus fortement, luy eût dit que la Dame Triboulleau en avoit besoin, c'est le discours ordinaire qu'un créancier tient à un pareil debiteur pour le presser de le payer. Qu'y a-t'il là de criminel ou de suspect ? Le sieur de Godeheu n'agissoit en cela que conformément aux interests & aux intentions de la Dame Triboulleau.

La déposition d'Anne Blondel 24e témoin merite bien d'estre observée. C'est la fille de Chambre de la Dame Triboulleau actuellement à son service. Elle ne se contente pas de dire (comme les autres Domestiques, suivant la leçon qu'on avoit pris soin de leur faire apprendre) qu'elle n'a jamais veu apporter d'argent à la Dame Triboulleau. Mais elle ajoute *qu'elle n'a point veu que le sieur de Godeheu ni autres luy ayent donné la somme de 8000 livres ou approchant, & que si ladite Dame avoit receu 8000 tant de livres, elle l'auroit sçû, puisque c'estoit elle déposante qui avoit la clef de son argent qu'elle n'en a jamais veu mettre dans le coffre fort.*

La Cour aura la bonté d'observer que dans les Faits articulez par la Requeste de la Dame Triboulleau, & dont la preuve a esté admise par la Sentence, il n'est fait aucune mention d'une somme de 8000 livres ou approchante, qui ait esté payée à la Dame Triboulleau par le sieur de Godeheu. Il est pourtant vray que par le transport à luy fait par la Dame Triboulleau le 14 Septembre 1710 de 24593 liv. 4 s. 8. d. à prendre sur le sieur Sanguin de Mandegris, il est dit que le transport est fait tant pour demeurer quitte par la Dame Triboulleau envers le sieur de Godeheu de ce qu'elle luy devoit, que moyennant la somme de 8710 livres 9 sols 8 den. qu'il luy a payée comptant. Mais Anne Blondel fille de Chambre ne doit pas naturellement avoir connoissance de ce transport, ni des clauses qu'il contient. Elle ne peut donc s'en estre expliquée dans sa déposition que sur les instructions qu'on luy en avoit données de la part de ceux qui se sont mêlés de luy dicter ou suggerer cette déposition ; ce qui independamment mesme de sa qualité de Domestique qui rend son témoignage ré-prochable, suffiroit pour la faire rejetter, comme estant visiblement l'effet de la subornation que l'on a pratiquée à son égard, ainſi que de pluſieurs autres témoins.

Ce qu'on luy a fait ajoûter, *que ſi la Dame Triboulleau avoit reçû une ſomme de huit mille tant de livres, elle l'auroit ſçû, parce que c'eſtoit elle qui avoit la clef de ſon argent*, n'eſt qu'une conjecture très fauſſe ; elle pouvoit bien avoir la clef du coffre où la Dame Triboulleau ſerroit l'argent qu'elle mettoit à part, pour des charités, ou pour ſon jeu, mais non du coffre-fort où elle renfermoit des ſommes plus conſidérables.

Si on en croit Anne Blondel dans ſa dépoſition, c'eſtoit le ſieur de Godeheu, qui avoit la clef de la caſſette où eſtoit celle du coffre-fort ; la Blondel n'avoit donc pas cette clef, ſous laquelle la Dame Triboulleau devoit garder les rembourſemens & autres ſommes qu'elle touchoit ?

Mais ce qu'on luy a fait dire au ſujet de la clef de ce coffre-fort, eſt d'ailleurs détruit & démenty par le procès verbal d'appoſition & de levée de ſcellé mis à la Requeſte de la Dame Triboulleau, puiſque ſuivant ce procés verbal, la clef du coffre-fort s'eſt trouvée dans une caſſette, dont la double clef eſtoit renfermée dans un cabinet ou armoire d'Ebène, dont la Dame Triboulleau avoit emporté la clef, en ſe retirant de chez le ſieur de Godeheu.

La dépoſition d'Anne Blondel eſt donc fauſſe dans tout ce qu'elle contient ?

La dépoſition de Me le Chanteur Notaire, 36e témoin, merite auſſi quelques refléxions, par leſquelles le ſieur de Godeheu va faire voir qu'il en reſulte préciſément, le contraire de l'induction, que l'on a prétendu en tirer.

Il dit que ce fut luy, comme prepoſé, pour faire la diſtribution du prix de la Terre de Mandegris, venduë ſur le ſieur Sanguin, qui paya au ſieur de Godeheu, ſuivant ſa quittance du 8. May 1711, la ſomme de 21693 livres 5 ſols 8 deniers, qui luy reſtoit deuë de celle de 24593 livres 4 ſols 8 deniers, qui luy avoit eſté cedée par la Dame Triboulleau, par le tranſport du 14 Septembre 1710 ; & que par autre quittance du meſme jour, il fut donné quittance par la Dame Triboulleau, de la ſomme de 3221 livres 8 ſ. 4 deniers, faiſant le reſte deſdits 24593 livres 4 ſ. 8 deniers pour les arrérages dûs par le ſieur de Mandegris ; que la quittance fut ſignée en la maiſon de la Dame Triboulleau, en préſence du ſieur de Godeheu ; qu'enſuite le ſieur de Godeheu eſtant revenu avec luy dans ſon étude, il emporta tánt la ſuſdite ſomme de 21693 livres 4 ſols 8 deniers, que celle de 3221 livres 18 ſols 4 deniers, contenuë en la quittance de la Dame Triboulleau, qu'il demanda à ladite Dame, lors quil luy fit ſigner la quittance, s'il payeroit au ſieur de Godeheu, leſdites 3221 livres 18 ſols 4 deniers, & qu'elle luy répondit que ouy.

Les adverſaires du ſieur de Godeheu, inferent de là, que c'eſt le ſieur de Godeheu qui a touché cette ſomme de 3221 livres 18 ſols 4 deniers, & qui s'en eſt emparé, quoy que ce fût la Dame Triboulleau qui en eût ſigné la quittance, & qui dût toucher cette ſomme, & qu'il ne dût recevoir en vertu de tranſport fait à ſon profit, que la ſomme de 21693 livres, qu'ainſi c'eſtoit luy qui touchoit, au lieu de la Dame Triboulleau, les rembourſemens qui luy eſtoient faits.

Mais la Cour eſt ſuppliée d'obſerver, 1o. Qu'il eſt conſtant par la dépoſition de le Chanteur, qu'il s'eſt tranſporté luy-meſme dans la maiſon de la Dame Triboulleau, pour luy faire ſigner la quittance des 3221 livres 18 ſols 4 deniers, ce n'eſt donc pas (comme on l'a fait dire à la Dame Triboulleau, dans ſes premieres écritures) une quittance qui ait eſté ſurpriſe d'elle, ſans connoiſſance de ce qu'elle contenoit ?

2o. Le témoin dit, que lors qu'il luy fit ſigner la quittance, il luy demanda s'il remettroit au ſieur de Godeheu la ſomme de 3221 livres 18 ſols 4 deniers, & qu'elle luy répondit que ouy ; elle a donc expreſſément conſenty que cette ſomme fût remiſe au ſieur de Godeheu ? & ce n'eſt point à ſon inſçû & ſans ſa participation, qu'elle luy a eſté confiée pour la luy remettre.

3e. Ce qui prouve que le ſieur de Godeheu, a effectivement remis cette ſomme à la Dame Triboulleau, eſt que dans ce meſme temps & apparemment de ces meſmes deniers, elle a fait un payement à ſes enfans du ſecond lit, de la ſomme de 4925 livres, reſtant à eux dûe de celle de 7250 livres 6 ſols 6 deniers, pour arrérages de rentes dûs par le ſieur Sanguin de Mandegris, échûs avant le décès du ſieur Triboulleau ; & le ſurplus de laquelle ſomme avoit eſté compenſé par un compte fait entre la Dame Triboulleau & ſes enfans, le meſme jour que la quittance.

Le sieur de Godeheu joindra à l'instance une expedition de cette quittance delivrée par le Chanteur Notaire qui l'a receue, elle est du 15 May 1711, par consequent posterieure de huit jours seulement à la quittance signée par la Dame Triboulleau de la somme de 3221 livres qui luy revenoit des arrerages deus par le sieur Sanguin de Mandegris.

Si le Chanteur avoit bien voulu dans sa déposition rappeller ses idées pour expliquer ce qui s'estoit passé à cette occasion, il se seroit souvenu que les 3221 livres ne sortirent de son Etude aprés que la Dame Triboulleau eut signé la quittance, que pour estre délivrés aux enfans du second lit de la Dame Triboulleau en consequence de l'acte du 15 May.

Mais aprés tout, cela est indifferent, parce qu'en presuposant, comme il le dit, que cette somme ait esté remise au sieur de Godeheu du consentement exprés de la Dame Triboulleau (comme le témoin le dit luy-mesme) il n'est pas moins indubitable que cette mesme somme a esté remise à la Dame Triboulleau, puisqu'elle en a fait employ au payement de ce qui estoit deu à ses enfans, & cela huitaine aprés avoir signé la quittance.

Il n'est pas indifferent d'observer aussi que le payement fait par la Dame Triboulleau à ses enfans par la quittance du 15 May 1711, est de la somme de 4925 livres, au lieu qu'elle n'avoit touché des arrerages deus par le sieur Sanguin par la quittance du 8 May, que 3221 livres ; voilà donc 1704 livres qu'elle fournissoit d'autres deniers que ceux qu'elle avoit retirés de ce payement ; or où auroit-elle pris les 1704 livres, s'il estoit vray, comme on l'a fait dire à la pluspart des témoins de l'Enqueste, qu'elle ne recevoit jamais d'argent, si ce n'estoit de petites sommes de 100, ou 150 livres ?

Ainsi la Cour voit que la déposition de le Chanteur Notaire (quoyque peu exacte dans ce qu'elle contient, par ce que sa memoire ne luy a pas fourni les veritables circonstances) sert plustost à détruire qu'à appuyer le fait allegué de la part de la Dame Triboulleau.

Ce qui vient d'estre expliqué (peut-estre avec trop d'étenduë) détruit invinciblement le fait des remboursemens, ou payemens des sommes exigibles deus à la Dame Triboulleau, que l'on impute au sieur de Godeheu d'avoir touché, & de s'estre approprié sans sa participation.

DOUZIE'ME FAIT (*TREIZIEME suivant la Requeste.*)

Qu'au temps de la sortie de la Dame Triboulleau de chez le sieur de Godeheu, & depuis, il a pressé quelques Payeurs, mesme en leurs Bureaux, d'avancer le payement des rentes deuës à la Dame Triboulleau.

On observera d'abord que ce fait par luy-mesme est trés-inutile & trés-indifferent ; car en le supposant veritable & prouvé, qu'en resultera-t'il ? s'ensuivra-t'il de ce que le sieur de Godeheu avant & depuis la sortie de la Dame Triboulleau de sa maison, aura pressé les Payeurs des rentes d'avancer le payement des arrerages qui luy estoient deus (c'est-à dire de payer avant que sa lettre qui estoit fort reculée, fut appellée à son rang) que ce sera luy qui aura receu ces arrerages pour se les approprier, & sans qu'ils ayent esté remis à la Dame Triboulleau ?

C'est un usage assez ordinaire à ceux qui ont des rentes sur la Ville de solliciter les Payeurs de leur en avancer le payement avant qu'ils soient parvenus à la lettre de leur nom, le sieur de Godeheu qui est Payeur des rentes de l'ancien Clergé, lesquelles se payent à l'Hostel de Ville, est en commerce avec les autres Payeurs, & par cet endroit à portée d'esperer de ses Confreres quelque faveur soit pour luy ou pour les personnes pour qui il s'interesse, y auroit-il donc quelque chose de nouveau, & dont on luy peut faire quelque reproche, que d'avoir sollicité les Payeurs d'avancer les arrerages de la Dame Triboulleau ?

Ce qui est certain est que ces arrerages n'ont esté touchés que sur les quittances de la Dame Triboulleau, qu'elle avoit mesme coûtume de signer tous les ans dans le mois d'Octobre ou de Novembre pour l'année qui ne devoit commencer qu'au mois de Janvier suivant.

Or il s'enfuit de là que c'eftoit d'elle mefme que venoit l'empreffement de toucher ces arrerages, puifqu'elle en fignoit les quittances deux ou trois mois avant qu'ils fuffent écheus à Bureau ouvert; qu'ainfi le fieur de Godeheu en follicitant les Payeurs de payer avant que fa lettre pût eftre appellée, ne faifoit que feconder cet empreffement & rendre fervice à la Dame Triboulleau; car au furplus ne feroit-il pas abfurde d'indu re de ce qu'il a follicité les Payeurs, que c'eftoit pour s'approprier ces arrerages?

Cependant dans la Requefte de la Dame Triboulleau du 22 Juillet 1715, on fait de grands raifonnemens, & l'on peut dire à perte de veuë, fur ce fait & fur la preuve que l'on prétend qui en refulte des dépofitions des fieurs Houdiart & Meflin Payeurs des rentes.

On prétend de ce que ces témoins difent que le fieur de Godeheu les a follicitez & preffez d'avancer le payement des arrerages dûs à la Dame Triboulleau, 1°. Que les décharges de ces arrerages qu'on luy faifoit figner (à ce que l'on prétend) dés le mois d'Octobre, la datte en blanc, eftoient fauffes, puifque pour lors les arrerages ne luy eftoient pas payez d'avance. 2°. Que c'eft une fauffeté d'avoir dit que Levé avoit avancé le payement des arrerages de 1711, (qui n'ont efté payez qu'en 1713, dés le deuxiéme de cette année) puifqu'en ce cas, ç'auroit efté à Levé, & non au fieur de Godeheu, à poftuler auprés des payeurs l'avance des arrerages, vû que c'eftoit l'affaire du fieur Levé de fe mettre en peine de toucher les arrerages, dont il avoit fait l'avance.

Encore un coup tous ces faits font abfolument inutiles, quand même on les fuppoferoit veritables, en quelques temps que les arrerages de rente fur la Ville, tant des années precedentes, que de 1711, ayent efté acquittez, la Dame Triboulleau feule en a pû profiter & en a effectivement profité.

1° Elle fignoit les quittances d'avance, non feulement pour fes rentes de la Ville, mais pour fes autres revenus, & elle avoit en mefme temps la précaution de retenir par devers elle un état & bordereau des quittances qu'elle avoit fignées, & fur lequel elle fe faifoit rendre compte de ce qui avoit efté touché fur fes quittances, l'état & memoire de celles qu'elle avoit fignées en 1712 s'eft trouvé dans le cabinet d'ébenne, dont elle avoit emporté la clef, il eft écrit de la main du fieur Julien, l'un de fes témoins, ce n'étoit donc pas une femme qui fignât fans fçavoir ce qu'elle fignoit, & fans s'inforn.er que devenoit fa fignature; cet état eft produit par la Dame Triboulleau elle-mefme, c'eft la fixiéme piece de la cotte Z de la premiere production.

2° Il n'eft point vray, fauf refpect, qu'elle fignât dans le mefme temps des décharges d'arrerages de rentes fur la Ville, la datte en blanc, en faveur de celuy qui les recevoit pour elle, elle ne fignoit les décharges que lorfque le fieur Levé apportoit l'argent.

Mais, (dit-on) Levé dit luy-mefme dans fon interrogatoire, qu'il n'a point parlé à la Dame Triboulleau. Que s'enfuit-il de-là? Le fieur de Godeheu a pû recevoir du fieur Levé, il n'en difconvient pas, mais c'eft lors qu'il a remis luy-mefme à la Dame Triboulleau les arrerages que Levé luy avoit délivrez, qu'il luy a fait figner la décharge pour Levé, ce qui eft feul effentiel eft que ces décharges ont efté fignées par la Dame Triboulleau, qui n'étant ni mineure, ni imbecille, ni mefme d'un caractere qui donne un accés facile à la furprife, n'a pû figner ces décharges qu'en recevant réellement, ou en tout cas avec pleine connoiffance de ce que devenoient les deniers dont elle donnoit décharge.

3° Il eft bien certain en effet qu'elle a touché les arrerages de rente fur la Ville avancés par le fieur Levé le deuxiéme Janvier 1713, puifqu'elle s'eft fervie de l'argent qui en provenoit pour payer au fieur de Godeheu par quittance du premier Février 1713 la fomme de 2500 livres fur ce qu'elle luy devoit de fes penfions, le fieur Levé n'avoit payé que 2412 livres, parce qu'il avoit retenu le dixiéme fur les 2680 livres à quoy montoient les quittances fur la Ville, la Dame Triboulleau en payant 2500 liv. fur fes penfions, a donc payé plus qu'elle n'avoit receu, de quel autre fonds auroit-elle fourni cette fomme de 2500 livres, que de ce qu'elle avoit receu du fieur Levé?

4° Quand il feroit vray qu'aprés cela le fieur de Godeheu auroit follicité les Payeurs d'avancer le payement de la Dame Triboulleau, quoyque les arrerages en euffent efté avancez par le fieur Levé, qu'y auroit-il ou de furprenant, ou que l'on pût reprocher au fieur de Godeheu, le fieur Levé avoit à fa confideration avancé le payement de ce qu'il devoit recevoir à la Ville pour la Dame Triboulleau, n'étoit-il pas jufte que le ſieur de Godeheu employât le credit qu'il pouvoit avoir auprés des payeurs pour les engager à avancer le rembourſement du ſieur Levé, ce qu'il étoit plus à propos qu'il fit luy-meſme & au nom de la Dame Triboulleau, que de le laiſſer faire par le ſieur Levé, qui n'avoit pas le meſme accés auprés des Payeurs?

Examinons aprés cela, quoyque ſans aucune neceſſité, ce qui peut reſulter des dépoſitions des ſieurs Houdiart & Meſlin, qui ſont les ſeuls témoins ſur le fait en queſtion.

Le ſieur Houdiart, troiſiéme témoin, dépoſe qu'au mois de Février, ou au commencement de l'année 1713 le ſieur de Godeheu le vint prier d'avancer le payement de la partie de rente de Petronille de Friés, & de la payer à Gaſpard Levé ſon Contrôlleur, qui avoit coûtume de recevoir ladite rente, qu'il ne ſe ſouvient pas que le ſieur de Godeheu luy ait dit que la Dame Triboulleau en avoit affaire, mais que le ſieur de Godeheu luy parut tres-empreſſé à vouloir recevoir ledit payement, luy faiſant pour l'y engager mille offres de ſervice, que le dépoſant a eſté également preſſé les années precedentes, mais ne ſe ſouvient pas ſi c'eſt par le ſieur de Godeheu ou perſonnes de ſa part.

On obſervera d'abord, qu'il y a beaucoup d'incertitude dans le diſcours de ce témoin, il ne ſçait ſi c'eſt au mois de Février ou au commencement de l'année 1713 que le ſieur de Godeheu l'a prié d'avancer le payement de Petronille de Friés; cependant ſur le fondement de cette dépoſition les adverſaires du ſieur de Godeheu prétendent avoir prouvé, que ce n'eſt que depuis que la Dame Triboulleau eſt ſortie de la maiſon du ſieur de Godeheu qu'il a ſollicité les Payeurs d'avancer le payement de la Dame Triboulleau, & dans leur Requeſte ils baſtiſſent ſur cela mille mauvais raiſonnemens; mais ſi c'étoit au mois de Janvier ou dans les premiers jours de Février (comme on le peut induire de la dépoſition) c'étoit dans un temps où la Dame Triboulleau étoit encore chez le ſieur de Godeheu, puiſqu'elle n'eſt ſortie que le 9 Février 1713.

Au ſurplus l'époque de ce fait eſt fort indifferente, que ce fut ou devant ou depuis que la Dame Triboulleau eſt ſortie de la maiſon du ſieur de Godeheu, il a pû également prier le ſieur Houdiart d'avancer le payement des arrerages pour faciliter au ſieur Levé le rembourſement de l'avance qu'il en avoit faite.

En ſecond lieu, le ſieur Houdiart ne s'explique pas avec moins d'incertitude ſur le fait des années precedentes; il dit, qu'il a eſté également preſſé pour le payement de ces années, mais il ne ſçait ſi c'étoit le ſieur de Godeheu ou par des perſonnes de ſa part; il laiſſe donc incertain ſi ce n'étoit pas par le ſieur Levé luy-meſme pour eſtre rembourſé de ce qu'il avoit avancé; mais cela eſt encore indifferent que le ſieur de Godeheu ait ſollicité par luy-meſme ou par d'autres le payement des arrerages de la Ville dûs à la Dame Triboulleau, c'étoit toûjours pour elle & pour luy faire plaiſir qu'il agiſſoit.

La dépoſition du ſieur Meſlin, vingt-deuxiéme témoin, ne contient autre choſe ſinon que le ſieur de Godeheu a eſté chez luy pour le prier de luy avancer la partie de rente qu'il payoit à la lettre Petronille de Friés, qu'il croit que c'étoit pour les années 1707 & 1709, qu'il ne ſe ſouvient pas s'il l'a fait faire pour 1711, que c'étoit au nommé Levé Contrôlleur des rentes qu'il payoit, qu'une fois luy dépoſant, ayant à recevoir du ſieur de Godeheu, une partie de rente ſur le Clergé, ils firent compenſation juſqu'à deuë concurrence de ce que le dépoſant devoit payer & de ce qu'il devoit recevoir du ſieur de Godeheu, & que le ſieur de Godeheu a toûjours receu ou fait recevoir par le ſieur Levé les parties de rente avant que l'on fut à la lettre de la Dame Triboulleau.

En accordant tout le contenu dans cette dépoſition, qu'en reſultera-t'il? le ſieur de Godeheu a prié le ſieur Meſlin en l'année 1707 & 1709 d'avancer le payement des arrerages de la Dame Triboulleau: Etoit-ce pour luy qu'il agiſſoit? ſur tout dans ce temps-là que la Dame Triboulleau demeuroit chez elle, & tenoit ſon ménage: N'étoit-ce pas au contraire uniquement pour luy faire plaiſir, elle faiſoit une groſſe dépenſe, ayant toûjours bonne table & quatre chevaux de Caroſſe, elle étoit toûjours affamée d'argent?

Le ſieur de Godeheu faiſoit recevoir les rentes par le ſieur Levé, on en convient, c'étoit luy qui recevant pour pluſieurs perſonnes à la Ville, avoit bien voulu ſe charger de recevoir auſſi pour la Dame Triboulleau.

Le ſieur Meſlin a, ſi on l'en croit, une fois compenſé avec le ſieur de Godeheu quelques parties de rente ſur le Clergé qu'il devoit toucher du ſieur de Godeheu avec ce qu'il devoit pour la partie de rente de la Dame Triboulleau. Quand cela ſeroit vray, (au lieu qu'il ne l'est pas,) qu'en resulteroit-il, n'est-il pas d'un usage frequent entre les Payeurs de faire ces sortes de compensations des parties qu'ils se payent les uns aux autres, soit pour eux-mesmes ou pour leurs amis? Mais le sieur Meslin n'accuse pas juste quand il dit, qu'il a compensé avec le sieur de Godcheu une partie de rente sur le Clergé avec celle qu'il payoit à la Dame Triboulleau, il faudroit pour cela qu'il eut payé au sieur de Godcheu & que le Contrôlle fut déchargé en son nom; mais c'est ce qui ne se trouvera pas; car le sieur de Godcheu peut assurer la Cour, qu'il n'a jamais receu du sieur Meslin aucuns deniers, ny fait par consequent aucune compensation avec luy des rentes de la Dame Triboulleau.

Donc dans tout cela rien qui merite la moindre attention, le fait admis est par luy-mesme inutile & indifferent, la preuve que l'on prétend en avoir par les dépositions des sieurs Houdiart & Meslin est équivoque, & d'ailleurs ne peut produire la moindre consequence, par rapport au veritable objet de la contestation.

TREIZIE'ME FAIT, (QUATORZIE'ME *suivant la Requeste de la Dame Triboulleau*)

Que lors des Remboursemens faits le 27 Novembre 1708, la Dame Triboulleau estoit à l'extremité.

Deux observations d'abord sur ce Fait.

La premiere, on y a mal employé en plurier, les remboursemens faits à la Dame Triboulleau le 27 Novembre; car à ce jour 27 Novembre, il n'y a point eu d'autres remboursemens faits à la Dame Triboulleau, que de la somme de 20000 livres, par le sieur de Godcheu, pour ce qu'il devoit de reste du prix de sa Charge de Secretaire du Roy.

Car quoy que les adversaires du sieur de Godcheu ayent hazardé la proposition temeraire & calomnieuse (du moins à l'égard des Notaires) que les remboursemens faits par le sieur de Godcheu, par des quittances des 22 Janvier, 25 Mars & 27 Novembre 1708, ont tous esté faits dans un mesme jour 27 Novembre, & que les quittances ont esté antidattées des 22 & 25 Mars, on est persuadé que la Cour n'a pas embrassé cette idée, contre la foy des actes authentiques, & non attaqués par la voye de l'inscription en faux, qui est la seule par laquelle on peut y donner atteinte.

C'est donc une faute du Greffier ou de son Clerc, d'avoir parlé en cet endroit des remboursemens au plurier.

La seconde observation. Ce Fait est inutile, quand mesme il seroit prouvé; car que la Dame Triboulleau fût malade ou non le 27 Novembre, lorsqu'elle a signé la quittance de remboursement de 20000 livres, à elle fait par le sieur de Godeheu, s'ensuivra t'il de là que ce remboursement n'ait pas esté effectif? ne suffit-t'il pas que la Dame Triboulleau en ait signé la quittance pardevant Notaires? Il arrive tous les jours que des personnes malades signent des Actes, non seulement des Testamens, par lesquels ils disposent de tous leurs biens, mais des Actes entre-vifs, comme des Partages, des Contrats de constitution, ou des Quittances de remboursemens; ces Actes pour estre faits dans le cours d'une maladie, mesme quelque fois mortelle, sont-ils moins valables & plus sujets à estre soupçonnés d'avoir esté surpris?

Mais examinons le Fait par luy-mesme, & voyons s'il est véritable.

Il est vray que la Dame Triboulleau a esté malade au mois de Novembre 1708, mais il est faux, sauf le respect de la Cour, qu'elle ait esté dans ce temps là, ny en danger ny encore moins à l'extremité; sa maladie estoit un erésipele, qui jusqu'au mois d'Avril 1709, n'estoit qu'exterieure, & ne luy causoit ny fièvre ny autre accident; elle ne devint dangereuse qu'au mois d'Avril suivant, qu'elle rentra, parce que la Dame Triboulleau s'estoit exposée à l'air & au froid, ce qui luy causa 24 jours de fièvre, & la mit en danger; jusques-là elle avoit esté dans un assés bon estat (quoy qu'indisposée) recevant tous les jours Compagnie dans sa Chambre, & entendant parler de ses affaires, comme dans une pleine & parfaite santé.

Il y a une preuve par écrit de ce Fait, par la signature du compte de communauté, rendu par la Dame Triboulleau, à ses enfans du second lit; ce compte a esté arresté & signé le 26 Novembre 1708, c'est-à-dire la veille mesme du jour qu'elle a figné la quittance du remboursement de 20000 livres, à elle fait par le sieur de Godeheu, cet acte ne prouve-t'il pas d'une maniere invincible, qu'elle estoit en estat d'entendre parler d'affaires, & qu'elle n'estoit pas à l'extremité ? autrement ses enfans auroient-ils pris ce temps-là pour luy faire arrester & signer le compte de Communauté ?

Après cela, faisons voir par l'examen des propres témoins de la Dame Triboulleau, que le Fait tel qu'il a esté articulé, qu'elle estoit à l'extremité au 27 Novembre 1708, est absolument contraire à la verité.

Tous les témoins de l'enqueste de la Dame Triboulleau, s'accordent sur le Fait, qu'elle revint malade de S. Cloud vers la S. Martin 1708, mais il resulte de leurs dépositions mesmes, que la maladie n'a paru dangereuse qu'en 1709, & que la Dame Triboulleau n'a esté à l'extremité que vers la Pentecoste de la mesme année, c'est-à-dire au mois de May ou de Juin.

Martineng Chirurgien, premier témoin de l'enqueste, & le premier cité sur ce Fait dans la Requeste de la Dame Triboulleau, dit qu'il a pensé la Dame Triboulleau dans le mois de Novembre & Decembre 1708, d'une érésipelle, & qu'il la laissa allitée quand il partit pour l'armée vers le mois d'Avril 1709, qu'il croyoit quand il partit, qu'elle en mourroit, ce témoin ne dit pas qu'elle ait esté dangereusement malade, ny à l'extremité, en Novembre & Décembre 1708.

Jacqueline Varin, femme de le Deüil, 3e témoin, dit que dans le temps de la maladie de la Dame Triboulleau, qui estoit à la fin de 1708, où elle fut (dit-elle) à l'extremité, 1°. Ce que l'on entend naturellement par la fin de l'année 1708, est la fin du mois de Décembre, & non le mois de Novembre.

2° Il n'est point vray que sur la fin de l'année 1708, la Dame Triboulleau ait esté à l'extremité ; il resulte de la déposition des autres témoins (ainsi qu'on va l'expliquer) que ce ne fut que vers le mois d'Avril & de May 1709.

3° Aussi Jacqueline Varin, femme de le Deüil, est-elle aussi bien que son mary, un témoin reproché, comme estant débiteurs de la Dame Triboulleau, & gens dans la dépendance des Parties adverses du sieur de Godeheu, ainsi qu'on l'a étably sur le premier Fait.

Le sieur Julien 6e témoin, dit que la Dame Triboulleau revint malade de S. Cloud au mois de Novembre 1708, que la maladie devint dans la suite dangereuse, & qu'elle dura jusques vers la Pentecoste 1709, qu'elle reçût ses Sacremens, & que depuis elle commença à se mieux porter.

Selon ce témoin, la Dame Triboulleau ne fut donc malade à l'extremité, que vers la Pentecoste 1709.

Anne de S. Omer, 10e témoin (qui est une fille de Chambre de la Dame Triboulleau) dit que pendant que la Dame Triboulleau estoit bien malade, elle vit entrer deux Notaires, & qu'elle aida à la soutenir dans le temps qu'on luy fit signer un papier ; ce papier estoit sans doute le Codicile du 14 Avril 1709, comme il se verifie par la déposition de la nommée Blondel 24e témoin qui en parle ; c'est donc dans ce temps là que l'on peut dire, suivant ces témoins, que la Dame Triboulleau estoit dangereusement malade, & non pas au mois de Novembre 1708.

Hector Neveu 11e témoin dit qu'en l'année 1709 la Dame Triboulleau estant à l'extremité, il luy vit apporter Nostre-Seigneur.

Barbe le Gendre 18e témoin dit bien, que la Dame Triboulleau, estant revenuë de Saint Cloud vers le mois de Novembre 1708, elle l'envoya querir pour luy servir de garde, qu'elle y entra & y resta 72 jours de suite sans déshabiller, qu'elle en sortit en suite, à cause qu'elle estoit elle-même incommodée, & que peu de jours après elle apprit que la Dame Triboulleau avoit receu Nostre-Seigneur, 1°. Elle ne dit point (ce qu'on luy fait dire dans la Requeste de la Dame Triboulleau) qu'elle la garda 72 jours, sans déshabiller, *tant la maladie estoit dangereuse*, ces derniers termes sont du Commentaire de l'Auteur de la Requeste.

2°. Elle ne marque pas le temps & le jour auquel elle est entrée auprés de la Dame Triboulleau, pour luy servir de garde. Mais il resulte de sa déposition même que ce n'a pû estre qu'au commencement de Janvier 1709, ou sur la fin de Decembre 1708, car elle dit y avoir resté 72 à 72 jours, & que peu de jours après qu'elle en fut sortie, la Dame Triboulleau receut ses Sacremens. Les 72 jours se trouvent remplis en comptant depuis le premier Janvier jusqu'au 14 ou 15 Mars, la Dame Triboulleau n'a reçû ceu ſes Sacremens que le matin du jour de ſon Codicile du 14 Avril 1709, qui eſtoit un Dimanche. C'eſt donc en ce temps là ſeulement que la maladie de la Dame Triboulleau a eſté dangereuſe & extréme.

Le Deüil 19e témoin (que l'on a fait voir cy-deſſus eſtre plus que recuſable, & s'eſtre luy-même contredit dans ſa dépoſition) dit que le ſieur de Godeheu le renvoya de chez la Dame Triboulleau, parce qu'il avoit fait monter dans la chambre de ladite Dame le nommé Torcher Braſſeur qui luy apportoit de l'argent qu'elle receut.

Suivant ce témoin (tout faux qu'il eſt) la Dame Triboulleau n'eſtoit donc pas malade à l'extremité ſur la fin de 1 08, & au commencement de 1709, temps auquel il dit qu'on l'a chaſſé, puiſqu'on menoit ſes debiteurs à ſon appartement, & qu'elle recevoit leur argent.

Anne Blondel, fille de Chambre de la Dame Triboulleau 24e témoin, dit que la Dame Triboulleau tomba malade à Saint Cloud au mois de Novembre 1708, qu'elle revint à Paris trois jours aprés, qu'elle continua d'eſtre malade, & fut à l'extremité vers le temps de la Pentecôte 1709, ſe ſouvient d'avoir veu venir le jour qu'elle receut Nôtre Seigneur le matin, l'apréſdiner deux Notaires, & entendit dire que c'eſtoit pour faire un Teſtament.

Selon ce témoin (comme la Cour le voit) la Dame Triboulleau n'a eſté à l'extrémité que vers la Pentecoſte 1709, elle ne reçût ſes Sacremens, que le matin du jour de ſon Codicille, qui eſt du 14 Avril 1709, cette dépoſition ſert d'explication à celle de la S. Omer, & ſe concilie avec elle.

Philippe Pera 38e témoin, dit qu'il eſt entré au ſervice du ſieur de Godeheu à la fin de 1708, & que la Dame Triboulleau eſtoit lors malade & dans ſon lit ; on a remarqué cy-deſſus ſur les 2 & 3e Faits, en parlant de la dépoſition de ce témoin, qu'il ſe trompe ſur le temps qu'il dit, qu'il eſt entré au ſervice du ſieur de Godeheu, car ce ne fut qu'au mois d'Avril 1709, & non ſur la fin de 1708, au ſurplus, il ne dit point que la Dame Triboulleau fût lors malade dangereuſement, ny à l'extremité.

Enfin Michel Roger Laquais, 52e témoin, dit avoir vû pendant la grande maladie de la Dame Triboulleau, au commencement de 1709, venir par deux fois des Notaires.

Ce témoin fixe donc l'époque de la grande maladie de la Dame Triboulleau au commencement de 1709, il étoit entré à ſon ſervice, ainſi qu'il le déclare dans ſa dépoſition ſix mois aprés ſon veuvage ; c'eſt à dire ſur la fin de 1706, ou au commencement de 1707 ; il avoit donc vû cette maladie ſur la fin de 1708 ? Mais ſelon luy-meſme, elle n'eſtoit devenuë grande maladie, qu'en 1709, lors qu'elle fit venir des Notaires pour rediger ſon teſtament.

Donc le Fait (très-inutile par luy meſme) que la Dame Triboulleau eſtoit malade à l'extremité le 27 Novembre 1708, temps du rembourſement à elle fait par le ſieur de Godeheu, de la ſomme de 20000 livres, ſe trouve détruit par l'enqueſte meſme ; qui juſtifie que la Dame Triboulleau, n'a eſté dangereuſement malade qu'en Avril 1709, autrement, auroit-on differé juſques là à luy faire recevoir ſes Sacremens ? tous les témoins s'accordent à dire qu'elle ne les receût que dans ce temps-là.

La lettre écrite par le ſieur de Godeheu au ſieur Baudeſſon, Maire d'Auxerre, ne contient rien qui ne ſe concilie parfaitement avec ce qui vient d'eſtre étably ; le ſieur de Godeheu luy marquoit que la Dame Triboulleau avoit eſté malade, mais qu'elle ſe portoit mieux ; il ne diſoit pas qu'elle eût eſté malade à l'extremité, ce qui n'eſt effectivement arrivé que dans le mois d'Avril 1709. En un mot les Actes qu'elle a faits au mois de Novembre 1708, le compte de communauté qu'elle a ſigné avec ſes enfans le 26 de ce mois, juſtifient invinciblement (comme on l'a déja dit) que ſi elle eſtoit indiſpoſée dans ce temps là, ce n'eſtoit pas conſidérablement, & de telle ſorte qu'elle fût hors d'état d'agir par elle-meſme, pour ſes affaires.

QUATORZIE'ME FAIT, (*QUINZIE'ME ſuivant la Requête.*)

Que c'eſt le ſieur de Godeheu ſeul & ſans la participation de la Dame Triboul-leau, qui a negocié & conſommé la prétenduë acquiſition des Taxations & des Rentes ſur la Ville, qui paroiſſent avoir eſté par elle acquiſes.

C'eſt encore icy un Fait, & inutile par luy-même, par rapport à l'objet principal de la conteſtation, & dont le contraire eſt préciſément juſtifié par écrit.

C'eſt un Fait inutile à éclaircir, par rapport à la demande formée contre le ſieur de Godeheu, à ce qu'il ſoit tenu de rendre compte des revenus & fonds de la Dame Triboulleau (qui eſt le point principal de la conteſtation) parce qu'enfin, quand même il ſeroit juſtifié, ce que les adverſaires du ſieur de Godeheu ont mis en fait, & dont la preuve a eſté admiſe, que le ſieur de Godeheu auroit negotié l'acquiſition des rentes ſur la Ville, & de taxations, qu'en reſulteroit-il? Pourroit-on induire de là, que ce ſeroit luy qui auroit regi& adminiſtré les biens de la Dame Triboulleau? nullement. La ſeule conſequence qu'on en pourroit tirer, ſeroit que la Dame Triboulleau ſe ſeroit rapportée à ſes conſeils pour cette acquiſition, qu'il auroit, ſi l'on veut, (quoy qu'il n'y en ait aucune preuve ni preſomption) profité de quelque choſe ſur elle, en luy faiſant prendre ces taxations & ces rentes ſur le pied de la Finance, quoy qu'il l'eût negotié à meilleur marché; mais ni l'un ni l'autre n'iront à rendre le ſieur de Godeheu comptable d'une regie & adminiſtration des biens de la Dame Triboulleau.

D'ailleurs, quel peut eſtre le ſujet de plainte de la Dame Triboulleau, à l'égard de l'acquiſition des taxations & des rentes ſur la Ville en 1708. Les 3400 liv. de rentes de taxations, n'ont coûté à la Dame Triboulleau que 51000 livres, qui eſt ſur le pied du denier quinze. Elle en a toûjours joüi depuis ce temps là, & les arrerages de ſes rentes n'ont ſouffert ni retranchement, ni ſuſpenſion. Elle eſt actuellement payée des arrerages de la derniere année; ce ne ſont point des rentes acquiſes originairement de billets de monnoye, ou pour d'autres effets décreditez dans le commerce; on voit par les pieces produites par la Dame Triboulleau, ſous la cotte M de ſa premiere production (& qui ſont celles concernant les rentes de taxations dont il s'agit) qu'elles ont eſté créées dés l'année 1700, & acquiſes par le ſieur Pellerin, des 1701, moyennant des deniers comptant qu'il a fournis aux parties caſuelles du Roy.

S'il arrivoit actuellement une ſuppreſſion & rembourſement de ces rentes, ce ne pourroit eſtre qu'en rendant à la Dame Triboulleau la finance qu'elle a effectivement débourſée pour en faire l'acquiſition; c'eſt à dire, la ſomme de 51000 livres. Encore un coup, où eſt donc le prétexte d'imputer ſur cela au ſieur de Godeheu une negotiation déſavantageuſe à la Dame Triboulleau & une eſpece d'agiotage dont il ait profité.

Il en eſt de meſme à l'égard des rentes ſur la Ville pour 12000 livres de principal, que la Dame Triboulleau a acquiſes dans le meſme temps, c'eſt à dire au mois de Novembre 1708, ces rentes ont à la verité ſouffert en 1713 un retranchement pour le principal, & une reduction pour les arrerages; mais ce n'eſt point par cet évenement qu'il en faut juger, l'évenement ne peut pas ſervir de pretexte de reſtitution, meſme à l'égard des mineurs; *Nec enim eventus damni reſtitutionem indulget*, (dit la Loy) *ſed inconſulta facilitas.* Or en 1708 les rentes ſur la Ville n'avoient ſouffert aucune atteinte, les arrerages ſe payoient regulierement, la Dame Triboulleau acqueroit celles-cy ſur le pied du denier ſeize, & en a joüy ſur ce pied. Quel préjudice ſouffroit-elle donc par cette acquiſition, & ſur quel fondement veut-on imaginer que le ſieur de Godeheu ait negotié l'acquiſition de ces rentes à un prix moindre que leur finance pour y faire quelque profit indirect?

Le ſieur de Godeheu dit en ſecond lieu, que le fait tel qu'il eſt articulé de la part de la Dame Triboulleau & admis par la Sentence, eſt détruit par des actes par écrit; en effet, il eſt bien certain que la Dame Triboulleau a réellement ſigné les contracts par leſquels les rentes de taxations & ſur la Ville luy ont eſté tranſportez par le ſieur Pellerin, ou par ceux, ſous les noms deſquels il les avoit acquiſes & en joüiſſoit. Dés-là peut-on dire, que cette acquiſition ait eſté negotiée & conſommée par le ſieur de Godeheu ſeul ſans la participation de la Dame Triboulleau? Eſtoit-il donc Tuteur ou Curateur de cette femme âgée pour lors de plus de ſoixante-quinze ans, & qui étoit pleine de ſens & de vigueur d'eſprit? ſi l'acquiſition de ces rentes ne luy avoit pas convenu & qu'elle eût eſté faite ſans ſon ordre & ſans ſa participation, en auroit-elle approuvé & ſigné les contracts? Auroit-elle délivré au ſieur Pellerin la ſomme de 63000 livres pour le prix du tranſport qu'il luy en faiſoit? Eſt-il donc ſi aiſé d'en faire accroire ſur cela à des perſonnes âgées, & qui ſont pour l'ordinaire encore plus attachées à leur argent comptant, que ceux d'un âge moins avancé.

Car de vouloir présupposer, suivant le fait que l'on a cy-dessus détruit, que la Dame Triboulleau dans le temps de ces acquisitions étoit dangereusement malade & à l'extremité ; C'est (comme on l'a déja fait voir) une pure illusion, si elle étoit indisposée au 27 Novembre 1708, temps des acquisitions, ce n'étoit point une indisposition considerable & où il parut pour lors le moindre danger, elle agissoit au contraire comme à son ordinaire, recevoit tous les jours du monde, & entendoit parler de ses affaires.

Ce qui est certain est qu'elle a fait l'acquisition, & des taxations, & des 12000 liv. de rente au denier 16 sur la Ville, non-seulement avec une parfaite connoissance, mais même avec un très-grand empressement, l'appas d'une jouissance sur le pied du denier 15 & du denier 16 en estoit le veritable motif.

Donc le fait que cette acquisition s'est faite par le sieur de Godeheu, seul sans la participation de la Dame Triboulleau, est & inutile, & d'ailleurs invinciblement détruit par une preuve par écrit.

Voyons pourtant quoyque sans necessité, s'il y a quelque preuve de ce fait par l'Enqueste de la Dame Triboulleau.

Quatre Témoins de l'Enqueste de la Dame Triboulleau ont parlé du fait de l'acquisition des taxations & des rentes sur la Ville.

Le premier est Leonard Hebert cet homme affidé à la Dame Triboulleau, & à ses enfans dont il est débiteur, & actuellement pensionnaire.

On luy fait dire qu'il n'a point entendu parler à la Dame Triboulleau du dessein d'acquerir des taxations & rentes sur la Ville, & qu'on n'en a jamais entendu parler dans la maison.

Le sieur Julien 6ᵉ témoin dépose de la même maniere qu'il n'a pas entendu dire que la Dame Triboulleau eut aucun dessein d'acheter des rentes sur la Ville ou des taxations.

Donc, parce que ces deux témoins n'ont pas entendu dire que la Dame Triboulleau eut dessein d'acquerir les rentes dont il s'agit, elles ont esté acquises sans sa participation, la consequence n'est-elle pas pitoyable ? ces deux hommes estoient-ils, ou les conseils necessaires de la Dame Triboulleau, ou dans une confidence si intime à son égard, qu'elle ne pût rien faire que de leurs avis ? falloit-il qu'elle publiât dans sa maison & parmy ses domestiques, ou qu'elle informât en particulier Hebert & le sieur Julien, qu'elle avoit dessein d'acquerir ces rentes ; mais d'ailleurs il n'est point question de sçavoir si la Dame Triboulleau a eu dessein ou non d'acquerir des rentes sur la Ville, & des taxations, lorsque le Fait qu'elle en a réellement fait l'acquisition est prouvé par les contrats mêmes qu'elle a signés qui portent, & que ces rentes luy ont esté venduës, & qu'elle en a payé le prix en deniers comptant.

Le 3ᵉ témoin que l'on a fait entendre sur ce fait est Nicolas Desnouveaux 57ᵉ témoin qui dit *qu'à l'égard des taxations, dont il est parlé dans la Sentence, il est vray qu'il a presté son nom au sieur Pellerin pour l'acquisition de ces rentes, dont il donna à l'instant la declaration au sieur Pellerin qu'il n'y prétendoit rien, qu'il ne sçait ce que le sieur Pellerin vouloit faire de son nom, & des rentes de taxations, qu'il n'a point eu affaire directement ny indirectement au sieur de Godeheu, ny parlé à la Dame Triboulleau, soit pour acquisitions desdites rentes de taxations ou autrement.*

Pierre Buteing 60ᵉ témoin de l'Enqueste s'est expliqué à peu prés de la même maniere, *il dit qu'il a signé ce qui luy a esté presenté par le sieur Pellerin à qui il avoit toute confiance, qu'il n'a jamais acquis de rentes de taxations, & que s'il a signé des declarations, ç'a esté à la requisition du sieur Pellerin en qui il avoit toute confiance.*

Il faut convenir (& l'Autheur de la requeste de la Dame Triboulleau, s'en est bien apperçû) que ny l'une ny l'autre de ces dépositions, ne tendent à prouver le Fait dont il s'agit, que l'acquisition des rentes sur la Ville & de taxations, ayt esté negociée & consommée par le sieur de Godeheu, aucun des deux témoins ne dit avoir eû sur cela de relation avec luy ; au contraire, Desnouveaux déclare qu'il n'a point eû d'affaires directement ny indirectement avec le sieur de Godeheu.

Il dit en mesme temps qu'il n'a point parlé à la Dame Triboulleau, soit pour l'acquisition desdites rentes ou autrement, il n'y a pas lieu de s'en étonner, ny luy, ny Buteing, n'avoient rien dans les rentes en question, que l'on est convenu de la part du sieur de Godeheu, que le sieur Pellerin avoit acquises sous leurs noms, & qu'il a revenduës & retrocedées de mesme maniere, en vertu des déclarations qu'ils luy en avoient données.

Mais pour éclaircir le Fait, de sçavoir si la négociation de cette acquisition, s'estoit faite (ainsi qu'on le fait articuler à la Dame Triboulleau) sans sa participation, il falloit faire entendre le sieur Pellerin, luy seul pouvoit expliquer avec certitude, de quelle maniere les choses s'estoient passées, puisque c'estoit avec luy que la négociation s'étoit faite, sous les noms de Buteing & de Desnouveaux; l'on entend bien que les adversaires du sieur de Godeheu, diront qu'ils n'avoient garde de faire entendre sur cela le sieur Pellerin, qu'ils ont plaidé & écrit, avoir toûjours esté parfaitement d'intelligence avec le sieur de Godeheu; mais tout ce qu'ils ont dit ou qu'ils pourroient encore dire contre le sieur Pellerin, ne sera pas capable de donner atteinte à la réputation qu'il a toûjours eüe d'un parfaitement honneste homme, & l'on doit croire d'un homme de probité comme il est, que quelque liaison d'amitié, dans laquelle il puisse estre avec le sieur de Godeheu, il ne trahiroit pas la verité, & ne la dissimuleroit ou dénieroit pas, s'il estoit entendu & interrogé en justice; ainsi la Dame Triboulleau auroit dû requerir son témoignage sur cela, & le faire assigner pour en déposer.

Quoy qu'il en soit, il faut demeurer d'accord, qu'à l'égard du Fait en question, de la prétenduë négociation des rentes sur la Ville & des taxations (fait qui constamment n'estoit point admissible contre la foy des actes) il n'y en a pas le moindre vestige de preuve par l'enqueste.

L'Autheur de la Requeste de la Dame Triboulleau du 22 Juillet 1715, l'a (comme on l'a déja observé) reconnu luy-mesme; & c'est pour cela qu'au deffaut de preuve sur ce Fait, il s'est jetté dans des discours vagues & generaux, en rappellant dans cet endroit d'un costé, le Fait précédent de la prétenduë extrémité de la maladie de la Dame Triboulleau, dans le temps des acquisitions des rentes sur la Ville & des taxations; & de l'autre, sur ce qu'il repete ce qu'il a tant de fois rebattu dans son premier inventaire de production, que les trois quittances du remboursement fait par le sieur de Godeheu, du prix de sa charge de Secrétaire du Roy, ont esté passées & signées dans un mesme jour, & que celle des 22 Janvier & 25 Mars 1708, ont esté antidattées.

Mais à l'égard du premier Fait, concernant la maladie de la Dame Triboulleau, on se flate de l'avoir invinciblement détruit & confondu cy-dessus, & cela, tant par des preuves par écrit, que sur ce qui resulte des dépositions, mesme des témoins de l'enqueste, ces témoins (ainsi qu'on l'a observé cy-dessus) conviennent presque tous, que la Dame Triboulleau n'a esté dangereusement malade que vers la Pentecoste 1709, elle n'estoit donc nullement en cet état au mois de Novembre 1708 ? qui est le temps où ses enfans du second lit, & ceux mesmes qui avancent aujourd'huy le Fait de cette maladie, luy ont fait arrester & signer leur compte de Communauté.

Quant au second Fait, c'est (on ne craint point de le dire) une imposture des plus grossieres, car comment imaginer que des Notaires, connus pour honnestes gens & exacts dans leur ministere, auroient commis une fausseté aussi signalée, que d'antidatter des actes de 10 à 11 mois avant leur passation ? & d'ailleurs *cui bono* cette antidatte & fausseté, le remboursement fait par le sieur de Godeheu, auroit-il moins valu pour estre fait en un seul payement, & une seule & mesme quittance du 27 Novembre 1708 ?

Mais (dit-on) car on ne se lasse point de la part des adversaires du sieur de Godeheu de repeter sans cesse les mêmes imaginations, plusieurs témoins disent qu'ils n'ont point veu apporter d'argent chez la Dame Triboulleau. Si elle avoit receu au mois de Janvier & de Mars 1708, 50000 livres, mais sur-tout si elle avoit touché 20000 livres au mois de Novembre de la même année, dans le temps (dit on) qu'elle estoit malade à l'extremité, & que toute sa Famille estoit autour d'elle, on s'en seroit apperceu, & les témoins ne diroient pas qu'ils ne luy avoient pas veu apporter d'argent si ce n'est quelques petites sommes.

Mais sans qu'il soit besoin de repeter sur cela ce que l'on a dit cy-dessus, que les témoins qui se sont ainsi expliqués, sont pour la plufpart des Laquais & Servantes à qui l'on a fait dire ce qu'on a voulu, Gens d'ailleurs que l'on n'a pas esté obligé d'appeller, lors que l'on a fait des remboursemens à la Dame Triboulleau; N'est-il pas certain que la Dame Triboulleau a payé le prix des acquisitions qu'elle a faites des rentes sur la Ville & des taxations ? Les Actes font foy qu'elle qu'elle a réellement fourni en deniers comptans la somme de 63000 livres. Il falloit donc bien qu'elle eût des deniers ; ils estoient ou dans son coffre, ou en dépost chez quelque Notaire (comme bien des gens ont coûtume de faire.) Mais en un mot elle n'a pas payé ces acquisitions de rien, & les remboursemens du sieur de Godeheu ont esté réels & effectifs, puisque la Dame Triboulleau en a fait un employ au moins de la plus grande partie.

Il est donc vray que le Fait de la prétenduë negotiation des rentes sur la Ville, & des taxations par le sieur de Godeheu, est & inutile, & détruit par des Actes par écrit; & enfin qu'il n'y en a pas la moindre ombre de preuve par l'Enqueste?

QUINZIE'ME ET DERNIER FAIT. (SEIZIE'ME
suivant la Requeste de la Dame Triboulleau.)

Que c'est le sieur de Godeheu qui a emporté & fait emporter la vaisselle d'argent, & plusieurs meubles, de jour & de nuit, dans le temps de la grande maladie de la Dame Triboulleau en 1709 ; qu'il en a emporté partie chez luy, partie chez des Orphevres & ailleurs.

L'on suplie la Cour de vouloir d'abord faire attention sur la maniere dont ce Fait est articulé de la part de la Dame Triboulleau, que le sieur de Godeheu a fait emporter sa vaisselle d'argent dans le temps de sa grande maladie en 1709. Voilà donc l'époque de cette grande maladie établie par ceux mêmes qui agissent pour la Dame Triboulleau, c'est en 1709 ? Pourquoy donc avoir articulé, & pourquoy soutenir encore (comme l'on fait dans la Requeste) contre la foy des Actes & la déposition de la pluspart des témoins, qu'elle estoit malade à l'extremité au mois de Novembre 1708 ?

Une seconde observation est que le Fait de l'enlevement de la vaisselle d'argent que l'on impute au sieur de Godeheu, est directement contraire à un Acte par écrit, & à un Acte dont la foy ne peut estre suspecte. C'est le Codicile de la Dame Triboulleau du 3 Juillet 1709, passé pardevant Notaires, & dans un temps, où (suivant l'énonciation de l'Acte même) elle estoit en assez bonne santé. Elle déclare expressément dans ce Codicile, *qu'ayant esté obligée de disposer d'une partie de sa vaisselle d'argent pour la necessité de ses affaires, elle revoque le legs qu'elle avoit fait à la Damoiselle de Mongé de la somme de 6000 livres en vaisselle d'argent, au lieu dequoy elle luy donne seulement le tiers de ce qui se trouvera au jour de son decés, & les deux autres tiers au sieur de Godeheu.*

Comment ceux qui font agir la Dame Triboulleau, ont ils eu la hardiesse, au préjudice d'une pareille declaration, de luy faire articuler que le sieur de Godeheu avoit emporté, & fait emporter sa vaisselle d'argent de jour & de nuit ?

S'ils n'ont prétendu prouver autre chose, sinon que le sieur de Godeheu de l'ordre de la Dame Triboulleau a fait porter sa vaisselle d'argent chez des Orfévres, ou à la monnoye pour la vendre, & luy en apporter l'argent, le fait peut estre vray ; mais il est indifférent, & inutile, car il ne s'ensuivra rien de là, dont il puisse estre fait quelque reproche au sieur de Godeheu, rien qui puisse le rendre comptable de cette vaisselle d'argent, il n'aura fait en la portant chez des Orfévres, & la vendant pour le compte de la Dame Triboulleau, qu'executer ses ordres, & luy rendre service.

Que si la consequence du fait articulé de la part de la Dame Triboulleau va jusqu'à vouloir dire que le sieur de Godeheu, sans la participation de la Dame Triboulleau, & prenant l'occasion de sa grande maladie, aura furtivement enlevé sa vaisselle d'argent, en aura retenu une partie, & vendu le reste à son profit, c'est l'accuser de vol, mais en même temps c'est contredire (disons plus) c'est faire démentir par la Dame Triboulleau elle-même la declaration qu'elle a faite sur ce sujet par son codicile du 3 Juillet 1709.

Codicile que l'on ne peut pas dire qui ait esté inspiré ou suggeré à une femme dans l'extremité d'une maladie, car encore un coup l'Acte porte que la Dame Triboulleau estoit lors en assez bonne santé, elle estoit en effet convalescente, le danger de sa maladie avoit cessé depuis plusieurs jours.

Dire que le codicile est l'effet du credit que le sieur de Godeheu s'étoit acquis sur elle, & de l'obseſſion qu'il pratiquoit à ſon égard, c'eſt à la verité le langage des adverſaires du ſieur de Godeheu, mais c'eſt un diſcours en l'air, & ſans la moindre apparence de preuve, il ne ſuffit pas d'alleguer la ſuggeſtion à l'égard d'un teſtament, il faut la prouver, & où en eſt ici non-ſeulement la moindre preuve, mais même la plus legere préſomption ?

C'eſt une femme revenuë d'une grande maladie qui fait appeller deux Notaires pour leur dicter un codicile, ce codicile ne contient aucune diſpoſition en faveur du ſieur de Godeheu, mais ſeulement la réduction du legs qu'elle avoit fait à la Damoiſelle de Mongé de 6000 livres en vaiſſelle d'argent, & du ſurplus de la même vaiſſelle au ſieur de Godeheu, elle rend la raiſon de cette réduction en declarant qu'elle avoit été obligée de diſpoſer de partie de ſa vaiſſelle d'argent pour la neceſſité de ſes affaires.

Mais (dira t'on) quelle neceſſité pouvoit avoir la Dame Triboulleau de ſe défaire de ſa vaiſſelle d'argent, elle avoit des revenus ſuffiſans pour ſubſiſter ? 1° Ce n'eſt point au ſieur de Godeheu à prouver la verité de la declaration que la Dame Triboulleau a faite par ſon codicile, qu'elle avoit eſté obligée de diſpoſer de partie de ſa vaiſſelle d'argent pour la neceſſité de ſes affaires, il doit ſuffire qu'elle l'ait dit, & cela dans un Acte où elle a parlé ſeule, & de la maniere qu'elle a voulu.

Mais en ſecond lieu ne ſçait on pas qu'au mois de Juin & de Juillet 1709, temps de famine & de guerre tout enſemble, les perſonnes les plus riches manquoient d'argent pour ſubſiſter, perſonne n'eſtant payé de la plus grande partie de ſes revenus ; que l'on joigne à ces circonſtances celle de la grande & longue maladie, dont la Dame Triboulleau venoit d'eſtre affligée, & qui devoit luy avoir cauſé beaucoup de dépenſe, & l'on ne ſera pas ſurpris qu'elle ait pris le parti de convertir en argent monnoyé partie de ſa vaiſſelle d'argent.

Il eſt (comme la Cour voit) en quelque maniere inutile aprés cela d'entrer dans la diſcuſſion des témoins de l'Enqueſte ſur le fait en queſtion, de quel poids pourroit être leur témoignage contre la declaration de la Dame Triboulleau elle-même, auſſi préciſe qu'elle l'a faite dans ſon codicile du 3 Juillet 1709 ?

Voyons pourtant ce que l'on a fait dire aux temoins ſur ce fait, non pas tant pour détruire leurs dépoſitions, qui deviennent entierement inutiles aprés ce qui vient d'eſtre eſtably, que pour faire connoiſtre à la Cour quel cas l'on doit faire des dépoſitions de ces témoins ſur d'autres faits, & combien il eſt dangereux de s'écarter des regles de l'Ordonnance, en admettant une preuve de cette qualité.

Jacqueline Varin, femme de le Deuil 3ᵉ témoin, dit que pendant la derniere maladie de la Dame Triboulleau à la fin de 1708 où elle fut à l'extremité, le ſieur de Godeheu obligea la nommée Nanon, & elle dépoſante, de mettre dans une grande manne à vaiſſelle, ſept douzaines d'aſſiettes, vingt-un plats ; huit compotiers, ſix ſalladiers, un cabaret, un huillier, un réchaud, trois grandes cuilleres & fourchettes, autant qu'elle peut s'en ſouvenir, & pluſieurs aiguieres & baſſins, le tout d'argent, & vit que les laquais du ſieur de Godeheu emporterent toute cette vaiſſelle hors de la maiſon, ne ſçait où ils l'emporterent, qu'elle n'a point entendu parler à la Dame Triboulleau ce qu'eſtoit devenuë ſa vaiſſelle d'argent, & n'en a rien dit à la dépoſante, laquelle a crû que c'eſtoit par ſon ordre que le ſieur de Godeheu l'avoit fait enlever.

Combien d'abſurditez dans cette dépoſition. 1°. Le témoin ſemble marquer l'époque de l'enlevement de la vaiſſelle d'argent à la fin de l'année 1708, le fait articulé de la part de la Dame Triboulleau eſt que ce fut en 1709, c'eſt en effet ce qu'ont dit les autres témoins, quoyqu'en en variant beaucoup ſur le jour de cet enlevement, ainſi qu'on l'obſervera cy-aprés.

2°. Elle a vû (dit-elle) mettre dans une manne à vaiſſelle ſept douzaines d'aſſiettes d'argent, l'inventaire fait aprés le décés du ſieur Triboulleau juſtifie qu'il n'en avoit que cinq douzaines, & il eſt certain que la Dame Triboulleau n'en avoit pas acheté pendant ſon veuvage, c'eſtoit bien aſſez en effet que cinq douzaines d'aſſiettes d'argent. 3°. Elle parle d'une grande quantité d'autres pieces de Vaiſſelle que la Dame Triboulleau n'avoit jamais eu, & il y a même de l'impoſſibilité que tout ce qu'elle détaille pût tenir dans une manne.

4°. Elle dit que les laquais du ſieur de Godeheu emporterent cette vaiſſelle à deux repriſes, on a fait dire à d'autres témoins qu'elle fut miſe dans le caroſſe du ſieur de Godeheu, ſi cela eſtoit, cette femme qui eſtoit lors ſervante de la Dame Triboulleau, ne l'auroit-elle pas vû ?

5°. Elle convient qu'elle n'a point entendu parler à la Dame Triboulleau de sa vaisselle d'argent, qu'elle ne luy en a rien dit, faut-il de meilleure preuve que la vaisselle d'argent n'avoit esté enlevée que de l'ordre de la Dame Triboulleau, est-ce que s'il en eût esté autrement, la Dame Triboulle u n'auroit pas dit devant ses domestiques que sa vaisselle d'argent avoit esté enlevée à son insceu, & furtivement pendant sa maladie ?

Aussi ajoûte-t'elle qu'elle a crû que c'estoit par l'ordre de la Dame Triboulleau que le sieur de Godeheu avoit fait enlever la vaisselle, mais ce doute de la Varin devient une certitude, & parce que la Dame Triboulleau ne s'est pas plaint de cet enlevement, qu'elle ne s'est pas même informée ce que sa vaisselle estoit devenuë, & par la declaration qu'elle a faite par son codicile du 3 Juillet 1709.

L'on se contente dans la Requeste de la Dame Triboulleau à l'égard de la déposition du sieur Julien 6e témoin, de dire qu'il dépose avoir oüy dire par les gens de la maison que le sieur de Godeheu avoit emporté la vaisselle d'argent.

Mais il est bon de faire quelque attention sur cette déposition, qui n'est pas aussi sommaire qu'elle paroist dans la Requeste de la Dame Triboulleau.

Le sieur Julien dit, qu'il n'a point de connoissance que le sieur de Godeheu ayt enlevé de la vaisselle d'argent, mais qu'il l'a ouy dire depuis par les gens de la maison de la Dame Triboulleau, qu'il sçait qu'avant que ladite Dame se retirât chez le sieur de Godeheu, il n'y avoit que très peu de vaisselle d'argent, ayant ouy dire que le surplus avoit esté porté à la monnoye, & qu'on ne servoit qu'en vaisselle de Fayance.

La Cour est suppliée d'observer, 1°. Que ce témoin dit avoir ouy dire dans la maison de la Dame Triboulleau, que le surplus de sa vaisselle avoit esté porté à la Monnoye; le sieur de Godeheu ne se l'estoit donc pas appropriée, & la Dame Triboulleau ne pouvoit ignorer ce qu'elle estoit devenuë, & quel usage on en avoit fait ?

2°. Il ajoûte qu'on ne servoit qu'en vaisselle de Fayance; la Dame Triboulleau voyoit donc tous les jours ce changement de vaisselle, qui estoit d'ailleurs très-commun, & mesme en quelque maniere de mode en ce temps là ? la plufpart des personnes de la premiere qualité ayant fait porter leur vaisselle d'argent à la Monnoye, s'imaginera-t'on que si la vaisselle d'argent de la Dame Triboulleau, avoit disparu sans son ordre, & sans que le prix luy en eût esté remis, elle ne s'en fût pas plaint, & n'en eût pas demandé raison au sieur de Godeheu ?

La déposition d'Anne de Saint Omer, femme de Chambre de la Dame Triboulleau, est évidemment outrée & fausse sur le Fait en question; elle fait entendre qu'elle a donné la vaisselle d'argent aux gens du sieur de Godeheu, quoy que ny la Dame Triboulleau, ny le sieur de Godeheu ne luy en eussent point donné l'ordre.

Cela a-t'il la moindre vray-semblance ? c'estoit-elle qui estoit chargée de la vaisselle d'argent, & elle l'aura delivrée non pas au sieur de Godeheu, mais à ses gens, sans en avoir l'ordre ny du sieur de Godeheu ny de la Dame Triboulleau; il est vray qu'elle ajoûte (comme pour s'excuser) qu'elle délivra ladite vaisselle, parce qu'elle voyoit que le sieur de Godeheu agissoit comme maistre de la maison, & qu'elle crût qu'il en avoit l'ordre de la Dame Triboulleau.

Mais si c'estoit sur cette idée de maitrise du sieur de Godeheu, dans la maison, elle devoit donc au moins avoir son ordre, & ne délivrer la vaisselle qu'à luy-mesme, ou par son ordre, à ses Domestiques ? au lieu que si on l'en croit, elle a eu la facilité de remettre cette vaisselle à des Laquais, sans ordre ny de sa Maitresse, ny de leur Maître; cela est il croyable, & n'est-t'il pas visible que cette servante a esté mal instruite sur la déposition qu'elle a faite, ou qu'elle a mal retenu la leçon qu'on luy avoit donnée ?

Hector Neveu, 11e témoin, ne s'est pas moins trompé dans sa déposition, sur le Fait de la vaisselle d'argent; que sur les autres Faits dont il a parlé, & sur lesquels on a fait voir cy-dessus, que son amitié pour le sieur de Bondis, l'a tellement séduit, qu'il a parlé contre ce qui se trouve expressément justifié par des actes par écrit.

Il dit qu'en l'année 1709, la Dame Triboulleau estant à l'extremité, le Déposant qui estoit sur le pas de la porte voisine de celle de ladite Dame, vit qu'on luy apportoit Notre-Seigneur, & que peu aprés que les Prêtres furent sortis, il vit sortir deux Laquais, qui portoient une manne d'environ 5 pieds, qui parut au déposant, pleine & assés élevée, qu'il ne sçait ce qui estoit dedans, mais qu'il vit que les Laquais la portoient du costé de la maison du sieur de Godeheu.

On entend bien, quoy que ce témoin affecte de dire, qu'il ne sçait pas ce qui estoit dans la manne, que ce devoit estre de la vaisselle d'argent, mais comment concilier ce qu'il dit sur le temps, & la maniere dont cette vaisselle d'argent a esté enlevée, avec ce que l'on a fait dire sur ce sujet, aux autres témoins ?

Suivant le sieur Neveu la vaisselle d'argent a esté enlevée le jour même que la Dame Triboulleau a receu ses Sacremens, & que les Prestres sortoient de sa maison.

Anne Blondel, fille de Chambre de la Dame Triboulleau, dit qu'elle receut ses Sacremens le matin, & marque mesme que l'aprésmidy de ce mesme jour, elle vit venir deux Notaires, & entendit dire que c'estoit pour faire un Testament.

En joignant ces deux dépositions ensemble, il en doit resulter que la vaisselle d'argent a esté enlevée en plein jour & sur les 10 à 11 heures du matin, ce qui, supposé que cet enlevement eût esté furtif & clandestin, seroit sans aucune apparence. Car comment concevoir que pour soustraire la vaisselle d'argent de la Dame Triboulleau, on eût pris le temps que toute sa Famille estoit assemblée pour luy voir recevoir ses Sacremens, que le sieur de Godeheu eût fait emporter cette vaisselle d'argent chez luy en plein jour ?

Aussi les autres témoins marquent-ils un temps & une heure tout differents, de ce prétendu enlevement.

Marie-Madeleine des Champs 16e témoin, dit que ce fut dans le temps que la Dame Triboulleau paroissoit hors de danger de sa grande maladie, qu'elle a veu emporter par les Laquais de la Dame Triboulleau, une grande manne pleine de vaisselle d'argent. Dés là ce n'estoit donc pas le jour qu'elle receut ses Sacremens ? car on ne peut pas dire que dans ce temps là, elle fut hors de danger de sa grande maladie.

Charles Marin Cocher 17 témoin, dit que la vaisselle d'argent fut enlevée un soir par les Laquais du sieur de Godeheu. Ce n'estoit donc pas aussi-tost que la Dame Triboulleau eut receu ses Sacremens, & que les Prestres furent sortis, puisque c'estoit le matin ?

Pierre le Deüil 19 témoin dit qu'il a veu emporter la vaisselle d'argent pendant la maladie de la Dame Triboulleau, qu'il ne se souvient pas précisément du jour, mais qu'il croit que c'est au commencement de May 1709, le soir entre 10 & 11 heures.

1°. Ce n'estoit donc pas le jour qu'elle receut ses Sacremens qui estoit le 14 Avril 1709, jour d'un Codicile qu'elle fit dans le temps que toute sa Famille estoit assemblée chez elle ?

2°. Si c'estoit entre 10 & 11 heures du soir, le sieur Neveu estoit-il en sentinelle sur la porte voisine pour épier ce qui se passoit.

Le nommé la Fontaine 26 témoin dit qu'il a aidé à mettre la vaisselle d'argent de la Dame Triboulleau, ne se souvient si c'estoit dans une manne, ou dans le carosse du sieur de Godeheu, croit que c'estoit sur le 10 à 11 heures du matin. Un autre témoin, c'est Nicolas de la Halle, dit Beau-Fort 34e témoin, en parlant de l'enlevement de la vaisselle d'argent dit, que ce fut entre 10 à 11 heures du matin.

Au contraire Silvestre-Philippes Pera dit que ce fut le soir assez tard. Comment donc concilier ces dépositions ensemble, & sur-tout avec celle du sieur Neveu ?

La déposition du sieur Neveu ne s'accorde pas mieux avec celles des autres témoins, ni toutes ces dépositions entre elles sur la maniere dont la vaisselle d'argent de la Dame Triboulleau a esté enlevée.

Suivant le sieur Neveu, c'estoit dans une grande manne couverte d'une nappe que deux Laquais du sieur de Godeheu porterent en plein jour du costé de sa maison.

Au contraire Charles Marin 17e témoin dit qu'il a veu le soir les Laquais du sieur de Godeheu emporter dans une manne couverte d'une nappe, beaucoup de vaisselle d'argent, que le sieur de Godeheu, qui estoit present, fit mettre & conduire dans son carosse qui estoit à la porte, qu'il croit qu'il l'emporta chez luy, attendu l'heure.

Il est plus probable que la vaisselle a esté mise dans un carosse, que d'estre portée à bras. Si cela est, que devient ce que le sieur Neveu dit avoir veu, & qu'il a cru apparemment sur la relation du sieur de Bondis avoir vû.

Le Deüil 27e témoin dit aussi qu'il y avoit un carosse à la porte, mais il dit qu'il sçait que l'on a enlevé deux fois de la vaisselle, qu'il ne peut dire si c'est le mesme jour, & que la seconde fois c'estoit dans des nappes.

Cela ne se rapporte nullement avec le sieur Neveu qui n'a veu emporter de la vais-

selle

felle d'argent que dans une manne couverte, & non dans un caroffe, ni dans des nappes.

Delaftre 31e témoin dit que le fieur de Godeheu fit mettre la vaiffelle d'argent dans un caroffe où il monta.

La Halle 34e témoin dit pofitivement qu'il aida avec fon camarade nommé Roger à apporter la vaiffelle dans le caroffe du fieur de Godeheu, qu'il a cru qu'il la portoit à la Monnoye.

Voilà comme la Cour voit un témoin qui pretend eftre *de vifu*, & avoir mefme aidé à porter la vaiffelle ; mais felon luy, elle a efté mife dans le caroffe du fieur de Godeheu. Comment donc le fieur Neveu a t'il veu cette manne longue & élevée que les Laquais du fieur de Godeheu portoient à bras du côté de fa maifon ?

Au contraire Pera 38 témoin (cette dépofition merite bien d'eftre obfervée) *dit que deux jours avant que la Dame Triboulleau allât demeurer chez le fieur de Godeheu, luy dépofant a aidé à emporter la vaiffelle d'argent par differentes fois chez le fieur de Godeheu ; la premiere fois dans une manne, & que c'eftoit le foir affez tard ; la feconde fois dans une nappe qui fut mife dans le caroffe qui eftoit à la porte, & que tout fut conduit chez le fieur de Godeheu avec luy. Il ajoute qu'il a veu deux fois porter de la vaiffelle d'argent à la Monnoye, & que c'eft le fieur de Godeheu qui en a receu l'argent.*

La dépofition de ce témoin commence par une époque toute differente de celle marquée par les autres témoins, & évidemment fauffe (cependant obferver que c'eft un prétendu témoin *de vifu*.) Il dit que l'enlevement de la vaiffelle d'argent fe fit deux jours avant que la Dame Triboulleau allât demeurer chez le fieur de Godeheu. Ce n'eftoit donc pas pendant qu'elle eftoit à l'exrremité & le jour mefme qu'elle receut fes Sacremens comme l'a dit le fieur Neveu, ce devoit eftre fur la fin d'Octobre 1709. Mais comment concilier cette datte, avec le teftament de la Dame Triboulleau, du 3 Juillet 1709, où elle a déclaré qu'elle avoit difpofé de fa vaiffelle d'argent.

Il dit que la premiere fois que l'on tranfporta la vaiffelle d'argent, c'eftoit dans une manne, & le foir affés tard ; & la feconde fois dans une nappe, qui fut mife dans le caroffe qui eftoit à la porte. La Halle précedent témoin, ne parle que d'un feul tranfport de vaiffelle, qui fut mife dans le caroffe.

Le fieur Neveu, dit avoir vû la manne chargée de vaiffelle, mais felon luy c'eftoit le matin.

Enfin ce témoin (c'eft-à-dire Pera) a aidé differentes fois à emporter de la vaiffelle, il en a vû porter deux fois à la Monnoye ; fuivant la dépofition de la plufpart des autres témoins, la vaiffelle a efté emportée en une feule fois, ou tout au plus en deux fois.

Michel Roger 52e témoin, cité dans la dépofition de la Halle, dit Beaufort, comme ayant aidé à emporter la vaiffelle, dit qu'il en a vû emporter deux fois, une fois le matin & une fois le foir ; que la premiere elle fut mife dans un caroffe, & la feconde fois dans une manne.

Cela ne fe concilie point encore, comme on l'a déja dit, avec les autres dépofitions, fur ce mefme Fait.

L'on voit donc qu'il n'y a dans les dépofitions de tous les témoins de l'Enquefte, fur le Fait de la vaiffelle d'argent, qu'une variation & une contrarieté perpétuelle.

Ce que l'on a cru devoir expliquer à la Cour, dans un affés grand détail, non pas tant pour détruire le Fait articulé par la Dame Triboulleau, & admis par la Sentence, que pour mieux faire connoiftre à la Cour, par cet exemple fenfible de l'infidelité des témoins, fur un Fait qui auroit dû eftre plus de leur connoiffance, qu'aucun autre, combien peu de fond on doit faire fur leur témoignage à l'égard des autres Faits, fur lefquels ils ont efté interrogés, & ont dépofé, & enfin (ce qu'on croit ne pouvoir trop repeter) combien il eft dangereux d'avoir recours à cette forte de preuve, dans des matieres importantes, & qui excédent les 100 livres, jufques aufquelles feulement l'Ordonnance veut que la preuve par témoins puiffe eftre admife.

Car au refte, par rapport au Fait en queftion, le feul Codicile de la Dame Triboulleau du 3 Juillet 1709, la déclaration expreffe qu'elle y a faite, qu'elle avoit difpofé de fa vaiffelle d'argent, fuffit pour démentir tout ce que l'on a pû faire dire aux témoins fur ce Fait, & les inductions que l'on a prétendu tirer, de ce que cette vaiffelle d'argent avoit efté enlevée par le fieur de Godeheu, puifqu'il eft certain, de l'aveu mefme de la Dame Triboulleau, qu'il n'a fait en cela qu'exécuter fes ordres,

V

& porter sa vaisselle à la monnoye, pour luy en remettre l'argent.

C'est ce qui se trouve encore confirmé (si cela avoit besoin de l'estre) par la déposition de l'un des témoins de l'Enqueste, c'est la Fontaine 26e témoin, qui aprés avoir dit, qu'il a aidé à mettre la vaisselle d'argent de la Dame Triboulleau, ou dans une manne ou dans un carrosse, *ajoute qu'il a entendu dire à la Dame Triboulleau estant à table avec ses amis, je ne vous donne point à manger sur de la vaisselle d'argent, parce qu'elle a esté portée à la monnoye, sans dire par qui.*

On voit donc par cet endroit de la déposition d'un témoin, d'ailleurs trés devoüé à la Dame Triboulleau, qu'elle se faisoit elle-mesme honneur d'avoir fait porter la vaisselle d'argent à la monnoye ; elle n'avoit donc pas esté retenuë par le sieur de Godeheu, elle n'avoit pas esté portée à la monnoye sans son ordre, & le sieur de Godeheu ne s'estoit pas approprié l'argent qui en estoit provenu, autrement, s'imaginera-t'on qu'elle eut esté si tranquille sur l'article, qu'elle eut si patiemment souffert la privation de sa vaisselle, & du prix qui en estoit provenu.

Dans la Requeste de la Dame Triboulleau, aprés avoir expliqué de la maniere dont l'autheur de cette Requeste l'a jugé à propos, par rapport à ses vûës & à son objet, les dépositions des témoins, sur les faits dont la preuve a esté admise par la Sentence ; il s'est avisé de citer les discours de ces mesmes témoins, au sujet de l'obsession qu'il prétend avoir esté exercée par le sieur de Godeheu, sur la Dame Triboulleau, par le credit qu'il s'estoit acquis sur son esprit, & dont il s'estoit servy (à ce que l'on prétend) pour luy faire faire un testament, & plusieurs codicilles.

Mais sans qu'il soit besoin de la part du sieur de Godeheu, d'entrer dans aucun détail à cet égard, il doit suffire d'observer, que ce fait n'est point du nombre de ceux admis par la Sentence, & dés là tout ce qu'on a pu faire dire aux témoins, tombe & se dissipe de luy-mesme.

Mais il ne sera pas inutile, pour détruire entierement cette fausse idée repanduë dans toutes les écritures de la Dame Triboulleau, & que ceux qui agissent sous son nom ont effectivement inspiré aux témoins de leur Enqueste, de faire voir & prouver non pas par des discours, mais par des pieces, & des pieces qui ne peuvent estre suspectes, que la Dame Triboulleau a esté dans tous les temps, depuis son veuvage, maistresse entiere & absoluë de ses biens, les gouvernant par elle-mesme, recevant, payant, transigeant, & faisant des remises, ainsi qu'elle l'a jugé à propos, & de la mesme maniere qu'ont coûtume d'agir ceux qui, comme la Dame Triboulleau, ont la disposition libre & independante de ce qui leur appartient.

FAITS ET PIECES

Qui établissent que la Dame Triboulleau a eu depuis son veuvage l'entiere administration de ses biens.

Ce qui prouve qu'une personne a eu la liberté & entiere administration de ses biens, est, lorsqu'elle a fait par elle-mesme tous les actes du commerce & de la société civile, qu'elle a reçû de ses debiteurs, payé ses dettes, traitté & transigé avec ceux avec qui elle avoit des interests à démesler.

Or tout cela est arrivé à l'égard de la Dame Triboulleau depuis le deceds de son mary qui l'avoit mis dans l'independance pour la regie & administration de ses biens, & pour la conduite de ses affaires.

On ne repete point icy ce qui a esté suffisamment étably, & cy dessus, & dans les premieres écritures de la Dame Triboulleau, qu'elle seule depuis le decés de son mari, a donné toutes les quittances, tant de ses revenus que de ses principaux de rentes ou sommes exigibles, dont elle a reçû le payement, que d'un autre côté, c'est elle aussi qui a compté avec les Marchands & Ouvriers, qui luy ont fourni des marchandises, ou travaillé pour elle, qu'elle comptoit pareillement avec ses Domestiques, & les payoit de leurs gages, dont elle tenoit un registre écrit de la main d'un homme à elle, & apostillé en plusieurs endroits de sa main.

Que lorsque le sieur de Godeheu a fait quelques avances pour elle, dans des temps où elle ne se trouvoit pas en argent comptant, elle en a arresté des estats avec luy, & luy en a remboursé le montant.

Tout cela est clairement justifié au procès, & prouve une administration journaliere & continuë, faite par la Dame Triboulleau, de ses biens.

Mais venons à quelque chose de plus particulier, & faisons voir que, dans tous les temps, depuis le veuvage de la Dame Triboulleau, elle a traitté & contracté, tant avec ses enfans du second lit, qu'avec toutes autres personnes, comme seule maitresse & administratrice de ses biens.

1°. C'est elle qui a rendu à ses enfans du second lit, le compte de la communauté, d'entre le deffunt sieur Triboulleau & elle, ce compte qui est produit au procès, est signé d'elle, tant dans la presentation, que dans la closture qui en a esté faite le 26 Novembre 17 8.

Il y eût (comme l'on sçait) des contestations & debats assés considerables sur ce compte, & notamment à cause de la donation que le sieur Triboulleau avoit faite à son fils, sans le consentement & la participation de sa femme, de la Terre de Bondis, dont l'acquisition & les bâtimens avoient coûté plus de quatre à cinq cens mille liv. à sa communauté. La Dame Triboulleau pretendoit devoir estre indemnisée de cette donation, faite au prejudice de la moitié qu'elle devoit avoir dans cette Terre, comme commune en biens.

La Dame Triboulleau poursuivit & sollicita elle-même ce procès, elle fut presente à toutes les Audiences de la Grande Chambre, lors de la plaidoirie de la cause, & de l'Arrest solemnel qui y intervint le 19 Mars 1708, par lequel la donation fut confirmée. N'est-ce pas là ce qu'on doit appeller agir par soy même pour ses affaires ? Car de dire (comme ont fait les adversaires du sieur de Godeheu) que c'estoit luy qui avoit suscité ce procès, entre la mere & ses enfans, c'est ce qui n'a pas la moindre apparence : la contestation estoit assez importante pour la Dame Triboulleau, pour estre persuadé que c'est elle-même & pour son propre interest qu'elle l'a formé.

2°. C'est avec elle aussi que le partage de la communauté a esté fait entre elle & ses enfans du second lit. Ce partage a esté signé par elle & par ses enfans le 18 Janvier 1709 : ce qui prouve en passant qu'elle n'estoit pas alors dangereusement malade & à l'extremité, comme on a voulu le faire entendre de la part de ceux qui agissent sous son nom. Le sieur de Godeheu joindra à l'Instance l'Extrait de ce partage qu'il s'est fait délivrer.

L'on trouve parmy les pieces nouvellement rapportées par la Dame Triboulleau en execution de la Sentence du 18 Aoust 1715 cotte D piece 140 un écrit du sieur Guichon Gendre de la Dame Triboulleau, en datte du 27 Juin 1707, par lequel *il reconnoit que la Dame Triboulleau luy a fait remettre un Contrat de constitution de 500 livres de rente sur la Ville du 7 Juillet 1682, & autres pieces y attachées, cottées 8, & comprises dans l'inventaire fait après le decès du sieur Triboulleau, desquelles 500 liv. il appartient (porte l'Acte) à l'Eglise de Bondis 300 livres de rente; & les 200 liv. restant sont leguez à l'Eglise & Fabrique de Saint Gervais, pour la fondation ordonnée y estre faite par le Testament dudit feu sieur Triboulleau.*

Comme aussi que la Dame Triboulleau luy a remis la somme de 1200 livres en billets de Monnoye pour faire une constitution de 60 livres de rente sur l'Hôtel de Ville au profit de ladite Fabrique pour supplement de ladite fondation, ainsi qu'il est porté par ledit Testament, & que le tout luy a esté remis en qualité d'executeur Testamentaire du sieur Triboulleau.

Deux reflexions sommaires sur cet Acte, la premiere, le sieur Guichon s'adressoit donc à la Dame Triboulleau elle-même, pour ce qui concernoit les biens de la succession du sieur Triboulleau ? C'estoit elle qui luy faisoit remettre le Contrat sur la Ville de 500 livres & les autres pieces y attachées.

La seconde, c'est suivant cet écrit la Dame Triboulleau elle-même qui luy remet 1200 livres en billets de Monnoye pour le supplement de la fondation faite par le sieur Triboulleau dans l'Eglise de Saint Gervais. Elle gardoit donc elle-même les effets qui luy estoient donnez en payement de ce qui luy estoit dû, & c'estoit elle-même qui en disposoit.

La Cour aura la bonté de faire attention sur la difference de l'expression du sieur Guichon dans cet écrit par rapport à la remise du Contrat sur la Ville, & des 1200 livres de billets de Monnoye. Il dit à l'égard d'un Contrat que la Dame Triboulleau le luy avoit fait remettre, parce qu'apparemment il estoit ou chez le Notaire, ou entre les mains du Procureur qui dreſſoit le compte de communauté, mais quant aux billets de Monnoye c'eſt la Dame Triboulleau qui les a elle même délivrés.

4°. Dans ce même temps de 1707 & par une quittance paſſée devant Bailly & des Forges Notaires, en datté du 22 Juillet de cette année, la Dame Triboulleau a receu du conſentement des ſieur & Dame de Godeheu & de la Damoiſelle de Mongé le rembourſement d'un principal de 500 livres, deu à la ſucceſſion du ſieur Damien Brion ſon premier mary, & dont elle avoit droit de jouir pour ſon douaire. On joindra cette pièce au procés.

5°. Par deux Actes eſtant enſuite l'un de l'autre cotte F de la ſeconde production de la Dame Triboulleau, pièce paraphée 302, le premier en datté du 4 May 1709, le ſecond du 24 Fevrier 1710, le ſieur Guichon a reconnu que la Dame Triboulleau luy avoit remis en main tous les titres concernans les Terres & Maiſon de Montmartre inventoriez ſous les cottes 48 & 49 de l'inventaire du ſieur Triboulleau, enſemble le Bail fait par le défunt ſieur Triboulleau des meſmes Terres de Montmartre. Cet Acte prouve donc que c'eſtoit la Dame Triboulleau qui avoit en ſa poſſeſſion les pièces compriſes dans l'inventaire de ſon mary ? Elles ſe ſont en effet trouvées ſous le ſcellé qu'elle avoit elle-meſme fait appoſer ſur ſes effets en ſe retirant de la maiſon du ſieur de Godeheu, elles eſtoient dans le coffre-fort dont elle avoit emporté la clef.

6°. Six Actes paſſez par la Dame Triboulleau le 8 & 15 May 1711, & dont on joindra des expeditions à l'inſtance, juſtifient qu'elle diſpoſoit effectivement à ſon gré de ſes biens; & que ſes enfans du ſecond lit, ceux meſmes qui pretendent aujourd'huy la faire paſſer pour une eſpece d'imbecille qui ne ſe mêloit de rien, ont traité avec elle ſur ce pied.

Par le premier de ces Actes en datte du 8 May 1711 les ſieurs de Bondis, Guichon, & Pinſonneau reconnoiſſent avoir receu de la Dame Triboulleau la ſomme de 32892 livres 8 ſols 6 den. à deduire ſur 87221 livres 1 ſols 8 den. dont elle s'eſtoit trouvée reliquataire envers eux par le compte de communauté qu'elle leur avoit rendu, & ils s'obligent de faire employ de cette ſomme en acquiſition de rentes, dont le revenu luy appartiendra, à cauſe de l'uſufruit ſtipulé par les Contrats de mariage de ſes enfans.

Voila donc la Dame Triboulleau elle-meſme qui paye ſans le miniſtere d'autruy, & par conſequent elle avoit receu ? C'eſt elle meſme en meſme temps qui ſtipule de ſes enfans un employ à cauſe de la jouiſſance qui luy appartenoit.

Le ſecond Acte du 8 May 1711 eſt une quittance donnée par la Dame Triboulleau au ſieur le Gendre Darmeny, de la ſomme de 3221 livres 18 ſols 4 den. en l'acquit du ſieur Sanguin de Mandegris, & comme cette ſomme luy ayant eſté deleguée par ledit ſieur Sanguin ſur le prix de la vente faite au ſieur Darmeny de ſa Terre de Mandegris.

Il a eſté cy-deſſus parlé de cette quittance, qui prouve contre ce qui a eſté fauſſement avancé de la part de la Dame Triboulleau, que c'eſt elle-meſme qui a touché cette ſomme de 3221 livres 18 ſols 4 deniers.

Le troiſiéme Acte du meſme jour paſſé par la Dame Triboulleau conjointement avec les ſieurs de Bondis, Guichon, & Pinſonneau & leurs femmes, contient la convention qu'ils ont faite avec le ſieur Sanguin de Mandegris, & par laquelle ils luy ont volontairement fait remiſe pour luy, ſes enfans, & les enfans de ſes enfans, de la ſomme de 29715 livres 3 ſols de principal, qui luy reſtoient deus par ledit ſieur Sanguin de 94300 livres qu'il devoit par pluſieurs Contrats de conſtitution, laquelle remiſe n'eſt faite qu'à condition qu'elle n'auroit pas lieu au cas que le ſieur Sanguin mourût ſans enfans, ou ſes enfans ſans enfans.

Voila (comme la Cour voit) un Acte de pure & libre adminiſtration de ſes biens de la part de la Dame Triboulleau ; elle diſpoſe d'un principal de 14765 livres qui luy appartenoit pour ſa moitié, dans un effet de la communauté de ſon mary; elle en fait une remiſe gratuite au debiteur, parce qu'il eſt couſin germain de ſes enfans du ſecond lit, par ſa femme ; & elle fait cet Acte conjointement avec ſes enfans qui ſçavent bien qu'elle eſt maîtreſſe de diſpoſer de ſes biens. Eſt-ce le ſieur de Godeheu qui agit dans cette affaire, eſt-ce à luy que l'on s'adreſſe pour procurer cette remiſe au ſieur Sanguin ? Nullement, ce ſont les enfans du ſecond lit qui l'en ſollicitent, & elle défere à leur ſollicitation.

Ce feul Acte (ce que la Cour eft fuppliée d'obferver) n'efface-t'il pas toutes fes idées fi exagerées que le fieur de Godeheu dominoit avec empire fur l'efprit de la Dame Triboulleau, qu'elle n'agiffoit que par luy, qu'il l'empêchoit d'avoir aucune relation avec fes enfans?

Voicy un Acte où elle n'agit que de concert avec eux, c'eft à leur priere qu'elle remet une fomme de quatorze à quinze mille livres à leur parent, ils eftoient donc en relation avec elle, & cela dans le temps même qu'elle demeuroit en penfion chez le fieur de Godeheu en l'année 1711. S'il eftoit vray que le fieur de Godeheu fe fût rendu maiftre de fes biens, pour en difpofer comme il luy auroit plû, fes enfans n'eftoient-ils pas à portée de luy ouvrir les yeux fur cela, & de l'engager à s'émanciper de cette prétenduë tutelle.

Le quatriéme Acte, premier des trois qui ont efté paffez le 15 May 1711 contient le confentement donné par les Sieur & Dame Guichon, Sieur & Dame Pinfonneau, pour la reformation d'une erreur qui avoit efté faite dans le compte de communauté au fujet d'une fomme de 500 livres que la Dame Triboulleau y avoit couchée en recette à leur profit, comme ayant efté donnée en dot par le fieur Triboulleau, & de fes deniers à la Dame de Mongé, mere de la Dame de Godeheu, ils confentent que cette erreur foit reformée, & leur reliquat de compte d'autant diminué.

Le fecond de ces Actes contient un compte entre la mere & les enfans de differentes fommes qu'elle avoit payées pour la communauté depuis le compte qu'elle leur en avoit rendu, & par le finito de ce compte ils fe reconnoiffent debiteurs envers elle de la fomme de 2280 livres 6 fols qu'elle reconnoift qu'ils luy ont payée comptant.

Il eft à obferver que l'un des articles du compte fait par cet Acte eft de la fomme de 350 livres, payée par la Dame Triboulleau à Leonard Hebert, pour trois années & fix mois de la penfion de cent livres à luy leguée par le teftament du fieur Triboulleau, ce qui juftifie ce qui a efté expliqué cy-deffus, que ce Leonard Hebert, témoin fi dévoüé pour les adverfaires du fieur de Godeheu, eft en effet leur penfionnaire.

Le troifiéme & dernier Acte du 15 May, eft la quittance donnée à la Dame Triboulleau par les fieurs de Bondis, Guichon, Pinfonneau, & leurs femmes, de la fomme de 7205 liv. 6 fols, 6 d. qu'ils reconnoiffent avoir reçû d'elle pour ce qui leur revenoit des arrerages payez par le fieur Sanguin de Mandegris, & fur laquelle fomme déduction a efté faite de leur confentement de celle de 2280 livres 6 fols dont ils s'étoient reconnus debiteurs envers elle par l'Acte portant compte du même jour.

Produit fous la cotte L.

L'on voit donc encore un coup par ces fix Actes des 8 & 15 May 1711, que la Dame Triboulleau agiffoit par elle-même, comptoit, payoit, faifoit des remifes de fon bien comme il luy plaifoit.

Qu'elle eftoit en liaifon & relation avec fes enfans du fecond lit, comptant avec eux & les payant de ce qu'elle leur devoit.

Comment concilier tout cela avec ces faits imaginaires, qu'elle ne faifoit rien que par le fieur de Godeheu, qu'il eftoit le maiftre de tout, qu'elle ne recevoit d'argent que par luy, & feulement de petites fommes, qu'aucune dépenfe & aucun payement ne fe faifoit que par luy, ou fur fes ordres.

7°. L'on joindra encore icy les copies de deux Actes fous fignature privée, dont les originaux font produits parmy les pieces nouvellement produites par la Dame Triboulleau, le premier du 16 May 1709, qui eft fous la cotte C piece paraphée 106, eft un confentement figné des fieurs de Bondis, Pinfonneau & Guichon, à ce que la Dame Triboulleau payât aux Curé & Marguilliers de la Paroiffe de la Chapelle près Paris, la fomme de 200 livres, la Dame Triboulleau l'a effectivement payée, & fes enfans du fecond lit luy en ont tenu compte dans l'Acte du 15 May 1711, dont il a efté cy-deffus parlé.

Le fecond du 6 Mars 1711, eft un écrit par lequel le fieur de Bondis prie fa mere de payer 48 livres à la receveufe de Bondis, la Dame Triboulleau y a fatisfait, la quittance eft parmy les pieces rapportées.

8°. La régie des vignes appartenantes à la Dame Triboulleau au lieu de Coulanges, (quoy qu'objet très-peu important par luy-même) a néanmoins efté l'un des points où l'on a imputé au fieur de Godeheu d'avoir agi en maiftre & régiffeur; on a fait entendre fur cela Simon Henry, pour luy faire dire qu'il recevoit fur ce qui concernoit ces vignes, les ordres du fieur de Godeheu.

X

Mais rien n'eſt plus faux que cette préſuppoſition, & pour le faire voir,

Produit cy deſſus ſous la corte H.

1°. L'on produira icy des copies, dont les originaux ſont parmy les pieces rapportées par la Dame Triboulleau de quelques lettres du ſieur Baudeſſon Maire d'Auxerre, écrites à la Dame Triboulleau, au ſujet de ſes vignes.

La premiere du 9 Novembre 1708, produite ou rapportée cotte D de la ſeconde production, piece 219 & 220, contient l'envoy fait à la Dame Triboulleau du memoire des débourſez pour les façons des vignes & pour les vendanges; il marque entre autres par la lettre qu'il reſtoit entre les mains du ſieur de Godeheu un billet de luy de 180 livres que luy Baudeſſon avoit donné au ſieur Henry.

Par la ſeconde du 10 Janvier 1709, auſſi cotte D de la ſeconde production, piece 218, le ſieur Baudeſſon accuſoit à la Dame Triboulleau la reception d'une reſcription de 420 livres qu'elle luy avoit envoyée.

Dans la troiſiéme du 17 Decembre 1711, produite cotte D de la premiere production, piece 255, le ſieur Baudeſſon envoyoit à la Dame Triboulleau, (demeurante alors chez le ſieur de Godeheu) le memoire de la dépenſe faite par le ſieur Henry.

Il luy marquoit qu'il avoit reçû d'elle en partant de Paris, la ſomme de 100 livres, dont il luy avoit fait ſon billet.

Ces lettres font donc connoiſtre que c'eſtoit à la Dame Triboulleau elle-même que le ſieur Baudeſſon s'addreſſoit pour luy rendre compte de ce qui concernoit ſes vignes de Coulanges, que c'eſtoit elle qui luy envoyoit de l'argent.

Les lettres écrites par le ſieur de Godeheu au ſieur Baudeſſon, & que l'on a produites de la part de la Dame Triboulleau ne diſent rien de contraire à cette conſequence, le ſieur de Godeheu n'y parle que par l'ordre de la Dame Triboulleau, & comme luy ſervant en quelque maniere de ſecretaire en cette partie.

2°. Le ſieur de Godeheu a produit dans l'Inſtance (& il en joindra encore icy des copies) deux écrits faits doubles entre la Dame Triboulleau & luy les 4 Janvier & 7 Decembre 1712, par leſquels elle luy a vendu certaine quantité de ſon vin de Coulanges, des recoltes de 1711 & 1712, dont le prix a eſté compenſé par les mêmes actes, avec les ſommes que le ſieur de Godeheu luy avoit avancées pour les façons des vignes, & autres frais avancez pour la Dame Triboulleau, & dont le détail eſt expliqué par ces mêmes actes.

Comment peut-on dire que le ſieur de Godeheu eſtoit celuy qui regiſſoit cette partie du bien de la Dame Triboulleau, lorſque l'on voit d'un coſté que c'eſtoit elle qui donnoit les ordres pour la culture des vignes, que c'étoit à elle qu'on s'addreſſoit pour luy envoyer le memoire de la dépenſe, & en recevoir l'argent, & de l'autre qu'elle diſpoſoit du vin provenant de ſes vignes, en vendant une partie au ſieur de Godeheu, & retenant ou diſpoſant du ſurplus comme il luy plaiſoit?

C'eſt ce qui ſe juſtifie encore par un autre acte que l'on joindra à la production, qui eſt un extrait du regiſtre du Gros de Saint Cloud de l'année 1712 & 1713, par lequel il ſe voit que la Dame Triboulleau a fait retirer, & emmener de S. Cloud le 25 Fevrier 1713 ſix demy muids de vin de ſon crû, c'eſtoit de celuy de Coulanges, car elle n'en avoit point d'autre à S. Cloud.

Elle n'avoit donc vendu au ſieur de Godeheu qu'une partie du vin de ſa recolte de 1712, ſçavoir 10 muids ſuivant le compte du 7 Decembre 1712, elle avoit retenu le ſurplus pour le vendre à d'autres, & c'eſt ce ſurplus qu'elle a envoyé retirer de ſaint Cloud le 25 Fevrier 1713 quelques jours aprés ſa ſortie de chez le ſieur de Godeheu.

L'on croit avoir fait connoître à la Cour par tout ce qui a eſté cy deſſus expliqué, que rien n'eſt plus mal fondé de toutes manieres que la prétention de la Dame Triboulleau, ou de ceux qui agiſſent ſous ſon nom, de rendre le ſieur de Godeheu comptable de la regie & adminiſtration de ſes biens.

Où eſt en effet le prétexte, ou ſpecieux, ou qui puiſſe avoir la moindre apparence pour demander le compte des biens d'une femme plus que triplement majeure; mais qui n'eſt, ny imbecile, ny interdite, à un homme qui n'a eſté, ny ſon Procureur, ny ſon Mandataire?

Quoy parce qu'un petit Gendre aura quelquefois reçû pour la grande-Mere de ſa femme ſur les quittances qu'elle avoit ſignées, ou qu'il l'aura quelquefois aidé à compter avec des Ouvriers & Marchands, il ſera devenu comptable de ſes biens!

Lorſque l'on voit que cette femme a ſigné toutes les quittances, celles des reve

nus fous feing privé, & avec la précaution d'en garder pardevers elle un bordereau
ou eftat afin de fe rendre compte à elle-même du montant des quittances de revenus
qu'elle fignoit, & celles des principaux pardevant Notaires; & que l'on trouve entre
les mains, & dans fon coffre fort, dont elle avoit la clef, toutes les quittances des
payemens qu'elle a faits, les livres & regiftres qu'elle tenoit par raport aux gages de
fes domeftiques, & à d'autres dépenfes qu'elle faifoit.

Si la Cour n'a admis la preuve par témoins que pour un plus grand éclairciffement, (comme il y a lieu de le croire,) le fieur de Godeheu croit pouvoir efperer que fa religion fe trouvera parfaitement inftruite, & par les nouvelles pieces qui
font raportées, & par les réflexions que l'on a faites cy-deffus fur les dépofitions des
témoins, il ne s'eft peut-eftre que trop étendu fur tout cela; mais il ofe efperer de la
bonté de la Cour qu'elle ne trouvera pas mauvais qu'il n'ait ofé rien negliger de ce
qui peut faire entendre fa défenfe dans une affaire qui intereffe tout enfemble, &
fon bien, & fon honneur.

Partant par ces raifons & autres qu'il plaira à la Cour de fuppléer par fa pru-
dence, & juftice ordinaire, le fieur de Godeheu perfifte en fes conclufions.

Monfieur AUBRY, Raporteur.

Me GUYOT DE CHESNE, Avoc.

BLONDEAU, Proc.

GAGNAT, Proc.

De l'Imprimerie de C. L. THIBOUST, Place de Cambray.

TABLE

CONTENANT LES NOMS DES TÉMOINS
de l'Enqueste, & l'Indication des endroits des Contredits, dans lesquels
ils ont esté refutez.

www.ingramcontent.com/pod-product-compliance
Ingram Content Group UK Ltd.
Pitfield, Milton Keynes, MK11 3LW, UK
UKHW020927120726
13693UKWH00003B/1172